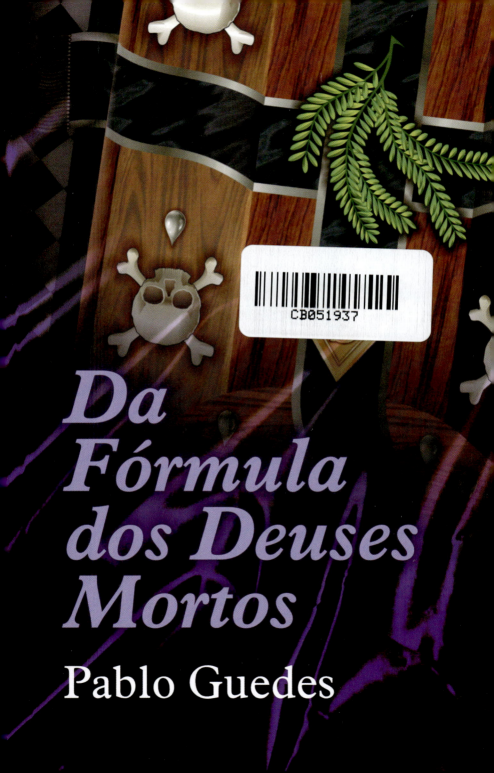
Da Fórmula dos Deuses Mortos
Pablo Guedes

Pablo Guedes

DA FÓRMULA DOS
DEUSES MORTOS[1]

---
1. O Título desta obra é a tradução literal do Capítulo 147 do *Liber Aleph* de Aleister Crowley, originalmente intitulado *De Formula Deorum Morientium*.

© Publicado em 2017 pela Editora Isis.

Revisão de textos: Ana Paula Enes
Capa e ilustrações: João Guilherme da Cruz Ribeiro
Diagramação: Décio Lopes

Dados de Catalogação da Publicação

Guedes, Pablo

Da Fórmula dos Deuses Mortos/Pablo Guedes | 1ª edição | São Paulo, SP | Editora Isis, 2017.

ISBN: 978-85-8189-089-0

1. Maçonaria 2. Sociedades Secretas I. Título.

Proibida a reprodução total ou parcial desta obra, de qualquer forma ou por qualquer meio seja eletrônico ou mecânico, inclusive por meio de processos xerográficos, incluindo ainda o uso da internet sem a permissão expressa da Editora Isis, na pessoa de seu editor (Lei nº 9.610, de 19.02.1998).

Direitos exclusivos reservados para Editora Isis

EDITORA ISIS LTDA
www.editoraisis.com.br
contato@editoraisis.com.br

Há cinco Mestres de minha alma
Por cinco pontos me levanto
Da estrela que me esplende calma
E tem no meio o sinal santo –
A letra que nos traz dos céus
A sigla do nome de Deus.
Foi o primeiro um Arquiteto
Morreu sob o imperfeito teto
Por não dizer nosso Segredo
Três agressores o mataram
Nas três portas em que o acharam.
Seu nome, virgem de traição
Está em meu ser como um remédio
Contra o que é fraco em coração,
Contra o dissídio e contra o tédio.
A sua imagem de exumado
Quando é que serei levantado?
[...]

Fernando Pessoa[2]

---

2. PESSOA, Fernando, Poesias ocultistas, s./d., s.p. apud URBANO JÚNIOR, Helvécio de Resende, Templo maçônico: dentro da tradição kabbalística, 2012, p. 30. (NOTA DO AUTOR: O Túmulo de Hiram Abiff. Extraído da Obra *O poder secreto dos símbolos maçônicos*, de Robert Lomas, 2014, p. 245.)

Sumário

Sumário 7

Prefácio 9

Prolegômenos 11

De Legenda Universa, Quæ Dicitur Rex Gloriæ. 17

De Arcano Nefando 45

De Formula Summa 77

Bibliografia 115

Vi passar, um mistério concedido,
Um cavaleiro negro e luminoso
Que, sob um grande pálio rumoroso,
Seguia lento com o seu sentido.

(Fernando Pessoa, 16.12.1932)

Prefácio

Quando já estávamos perto do desânimo, ao ver tanta superficialidade sendo publicada como Arte Real, aparece no limiar do novo dia a brilhante *peça de arquitetura* do Ir∴ Pablo Roar Justino Guedes dando alento às nossas esperanças e nos fazendo acreditar novamente que ainda temos seguidores no viés espiritualista da literatura maçônica em solo brasileiro.

É com muita honra e até sensivelmente emocionado que li as primeiras linhas do jovem escritor a nos provocar com suas ilações *guemátricas*, com grande ênfase na Kabbala Judaica, fazendo as ligações e *des-a-fio* às nossas percepções, das instruções e lendas até então veladas pelos *Mestres Passados*.

Esta obra como ele sustenta, conduz o leitor atento a subir os degraus conscienciais, onde repousam os pensamentos puros alcançados na oração e na vigilância, para que se estabeleça em sua frente a estrada definida e clara de sua própria redenção. Como pressuposto àquele que tenha pretensão de avançar dentro dessas instâncias, ressalta que é imprescindível o conteúdo fluente e conceitual dos símbolos dentro de uma Realidade Universal, para realizar os aspectos de inteligibilidade diante dos quadros mentais impostos pela cultura que se desenvolve majoritariamente na arena do discurso iniciático.

Convocando pelo uso da razão, da memória e da imaginação, o autor pretende com originalidade, explicitar seus níveis meramente dispostos ali, onde somente com "lupa" e o coração puro consegue enxergar, apreender e fazer uma ligação com o fio condutor que aciona o mecanismo de clareza espiritual. Penetrando assim num mundo possível e capaz de engrandecer nossas vidas diante do insofismável e transcendente conhecimento kabbalístico. Em outras palavras, o mundo do intelecto no sentido próprio (do latim "*intus legere*": "leitura interior", ou seja, apontada para o centro do ser), para referir no nível Real as suas dimensões superiores, a qual atende a pura Metafísica. Mudando o grau do entendimento além dessas considerações e alcançando o verdadeiro conhecimento conquistado pela autoridade e autorização daqueles que acreditam na intuição de um mundo sem limites, além da imaginação, com o rigor da lógica e da epistemologia sustentável pelo discurso e pela *doxa*.

Parabéns Ir∴ Pablo, a tua gratidão silenciosa que opera no bem é o estímulo constante de sua existência e a fidelidade aos compromissos nobres, aos quais aderistes. Gratifica-nos com o presente trabalho, a espalhar ondas de otimismo e esperança aos IIr∴ que buscam a Luz dentro de suas oficinas apoiando-se nos arcanos do G∴A∴D∴U∴, vigilante e atencioso perante a venturosa existência humana. Que Ele continue a lhe inspirar para glória da Arte Real e este seja apenas o começo de uma brilhante e digna caminhada rumo à Heliópolis, a Cidade do Sol.

Ir∴ M∴I∴Helvécio de Resende Urbano Júnior 33º S∴ I∴
G∴I∴G∴ Sup∴Cons∴ do Gr∴ 33 do R∴E∴A∴A∴
IXº O.T.O ∴ 12º R† Illuminatus Ipsissimus

Prolegômenos

O Mestre Maçom, sensível aos mistérios do seu ofício, percebe, ao colar o terceiro grau, a aparente incompletude dos ensinamentos que lhe foram transmitidos na Câmara do Meio. Entre os caminhos possíveis para sua ascensão, lhes serão apresentados outros elementos que, somados aos anteriores, revelarão símbolos, detalhes e estórias que pretendem concluir a lenda do Mestre Arquiteto dos Maçons.

Antes, contudo, de prosseguir nos altos graus dos diversos Ritos disponíveis é preciso que nós nos detenhamos, com excessivo comedimento, nas práticas litúrgicas do terceiro grau, ampliando o intelecto pela abrangência do estudo dos nossos Rituais, bem como das Obediências regulares pátrias e

12 | *Da Fórmula dos Deuses Mortos*

estrangeiras, com algumas publicações espúrias[3], de um lado e dos manuscritos que compõem as Antigas Obrigações da Maçonaria[4], de outro.

Isso porque, a lenda do terceiro grau ainda guarda, em sua forma moderna, os segredos da Maçonaria. Ainda que seja verdade que a Palavra Perdida, que nos propomos a procurar, pode ser dada abertamente em graus vindouros, ela permanece acessível no Mestrado Maçônico.

Assim como os homens que pretendem conhecer os objetos pela projeção dos vultos dos corpos interpostos à luz, o Mestre Maçom que julga conhecer o terceiro grau, observando apenas a sua silhueta e forma, ignorando seu conteúdo, nada conhece.

---

3. NOTA DO AUTOR: No ano de 1730, na Inglaterra, Samuel Prichard publicou o livro Masonry Dissected, a primeira inconfidência maçônica a conter os três graus simbólicos da Maçonaria. Entre 1760 e 1769 surgiram outras tantas publicações espúrias, a saber: Three Distinct Knocks (1760); Jachin and Boaz (1762); Hiram or the Grand Master-Key (1764); The Mystery of Free Masonry Explained (1765); Shibboleth (1765); Mahhabone, or The Grand Lodge Door Open'd (1766) e The Free-Mason Stripped Naked (1769). Houve também diversas publicações espúrias na França, publicadas entre 1738 e 1751: La Réception Mystérieuse (1738), Le Secret des Franc-Maçons (1744); cathécisme des Francs-Maçons (1744); Le Sceau Rompu (1745); L'Ordre des Francs-Maçons Trahi (1745); La Désolation des Entrepreneurs Modernes du Temple de Jérusalem (1747); L'Anti-Maçon (1748) e Le Maçon Désmasqué (1751) (Cf. SNOEK, Joannes A.M., *The evolution of the hiramic legend in England and France*, 2003, pp. 15-16). A imensa maioria desses textos é absolutamente desconhecida pelos Maçons brasileiros. Alguns deles foram utilizados para fundamentar as pesquisas aqui apontadas, e serão minuciosamente indicados nas notas de rodapé.

* NOTA DO AUTOR: As ilustrações presentes nesta obra são de autoria do Ir∴ João Guilherme da Cruz Ribeiro e podem ser encontradas em *O Livro dos Dias*. As fontes das demais ilustrações serão individualmente expressas, sempre que possível.

4. Old Charges.

Em benefício da exposição, os temas apresentados serão tratados de maneira sumária, só trazendo à baila o estritamente necessário para a comprovação das teses elencadas pelo autor. Despiciendo enfatizar, portanto, que este opúsculo não pretende esgotar todo o simbolismo do terceiro grau, posto a necessidade de um imenso volume para tal empresa, mas tão somente demonstrar que a fábula do Mestre Arquiteto segue a Fórmula do deus morto, de I∴A∴Ω∴[5], dos Grandes Hierofantes e dos Antigos Mistérios; representando o Ciclo da Iniciação, velado por uma complexa alegoria mística, que embuçou-se com mil nomes para representar a sucessão e alternância entre a atividade e o repouso da ação solar sobre a natureza, culminando com um desfecho trágico pela morte do protagonista e sua posterior ressurreição.

Ademais, não convém empenhar-se vulgarmente sobre temas da mais alta relevância, de maneira que a aproximação das ideias elevadas só é possível através das escarpas da colina do conhecimento, o que implica, fatalmente, em rispidez e desconforto na escalada; e como a atmosfera interposta ilude a visão do observador desavisado, tingindo os verdes pastos que dele distam, as elucubrações sobre os Mistérios só instruem aqueles que lhes contemplam de perto, tornando necessário que o Mestre aprenda a respirar nas regiões mais elevadas de seu ofício. Simplificações, quanto a esse mister, mais obscurecem que elucidam, uma vez que a profanação do sagrado se dá ao tomar as cascas ilusórias e vãs que envolvem as verdades espirituais por elas próprias.

---

5. I.A.O.

Os méritos que este trabalho cinge são o da pesquisa e do estudo. O autor é, antes disso, compilador; fazendo, em diversos pontos, adições necessárias aos seus predecessores e, como este livro não se destina ao público profano, espera valer-se da indulgência dos seus leitores. Um louro adicional, reservado ao compilador, é o da justaposição da sua própria erudição com as encontradas com as fontes originais para que, tanto quanto possível, as sublimes verdades que se imprimem sejam compreendidas com a profundidade necessária.

As elucubrações palavrosas e os discursos excessivamente enfadonhos podem convencer e impressionar alguns, mas são inúteis nos temas que nos dispomos a tratar. A razão tem limites extremamente fixos; a nau do investigador só aporta na praia das altas ciências, quando a intuição revela ao coração do recipiendário as suas sutilezas, quase como um presságio que, em um estalo assombroso, dá forma ao caos anterior.

A despeito do título, o autor procurou livrar-se do odor acre e fúnebre do sepulcro que, por ventura, poderia impregnar estas páginas. Não obstante, o fausto pela colação do terceiro grau há, como o sussurro soturno ao pé do ouvido no Triunfo Romano, o incentivo à meditação acerca da mortalidade do homem dada pelos detalhes lúgubres do Mestrado Maçônico[6]; ainda que a iniciação pressuponha, para além da dissolução da forma, a permanência perene da essência. Assim, a vida perpetua-se para além da matéria, ao considerarmos o espírito triunfante que deixa seu exílio terreno e retorna à morada Eterna.

---

6. *Memento Mori*, isto é, "Lembre-se que você é mortal".

Cumpre manifestar, por derradeiro, o desejo de que tais verdades sejam contempladas pelos leitores deste opúsculo, e a eles cabendo essa boa fortuna, perceberão que da mesma forma que a crisálida é o túmulo do verme e o berço da vespa, a campa da Câmara do Meio, onde apodrece o corpo do Arquiteto, é também o ventre onde germina rutilante, embora latente, o Mestre Maçom.

O autor

Capítulo I

De Legenda Universa, Quæ Dicitur Rex Gloriæ[7].

Os Povos da Antiguidade, fossem bárbaros ou civilizados, rendiam tributos e cultuavam a divindade sob os aspectos materiais mais proeminentes e belos que a natureza apresentava: o Sol, a Lua, o Céu, os astros e as estrelas fixas, o fogo, a água, o vento e a terra, assim como todos os elementos que demonstrassem, em maior ou menor grau, atributos de perpetuidade e causa, eram interpretados como emanações da vontade, sabedoria, poder e glória do Grande Artífice, criador do universo.[8]

---

7. "Da Fábula Universal, Chamada Rei da Glória"; título inspirado no Capítulo 58 do Liber Aleph de Aleister Crowley. O epíteto "Rei da Glória" é o nome pelo qual o Sol era conhecido na antiguidade, atualmente aplicado ao símbolo que representa sua forma humana, o Cristo. (Cf. BLAVATSKY, Helena Petrovna, *Les origenes du rituel dans l'église et dans la maçonnerie*, s./d., p. 32).

8. Cf. DUPUIS, Charles François, Compendio del origen de todos los cultos, 1821, p. 9.

As causas parciais, adoradas sob a forma dos astros, não eram mais do que representações pictóricas do corpo do Demiurgo. Os símbolos, naquela época, não eram adorados por si próprios, mas por representarem o Altíssimo e Seus atributos, conforme a humanidade os concebia. O Artífice e o artefato eram compreendidos como duas efígies de uma mesma moeda, embora suas faces fossem opostas e diversas, inegavelmente, eram uma mesma coisa, e sob este esteio, os egípcios adoraram ao deus Pã, com seu espírito jovial e primaveril, sua flauta e seus cornos, como também os hindus reconheceram que Vishnu era a causa primeira de todos os efeitos e dirigiram suas orações aos astros presos no firmamento, com a esperança de terem suas súplicas e litanias atendidas.[9]

O culto à natureza era a religião primitiva de todos os povos da antiguidade e sua maior expressão, conforme a tradição de seus símbolos e cultos, remonta ao nascimento ou ocaso de alguma constelação ou astro e seus supostos efeitos. Os deuses imaginados pelo homem surgiram da observação da natureza, que transmitia a ideia de imortalidade, fazendo crer que os corpos celestes eram divindades.

Assim, o Sol, a Lua, Vênus, os doze signos do Zodíaco e Arcturo, a estrela mais brilhante da constelação de Boötes, eram idolatrados nos antigos templos da cidade de Bizâncio.[10]

Os antigos árabes viam na Lua sua principal divindade, intitulada de Cabar pelos sarracenos, que junto aos sabeus celebravam sua exaltação sob o signo de Touro, como uma das festividades religiosas de maior relevância para aquele povo. A difusão religiosa era tamanha, que cada uma de suas tribos tinha um astro como gênio protetor: em Hamiaz, o Sol; em

---

9. Ibidem, pp. 3-5; tb. p. 19.
10. Ibidem, pp. 17 e 21.

Cennah, a Lua; em Misa, Aldebarã; em Tai, Canopus; em Kais, Sirius; em Idamo e Lacamo, Júpiter e em Assad, Mercúrio.

Também nos monumentos religiosos dos turcos estão gravados o símbolo da meia Lua, representação da força nutridora, a Mãe universal, que advoga em favor dos seus filhos e atende as suas súplicas. Seja sob o nome de Ceres, Diana ou Ísis, a força conceptiva da natureza foi adorada de diversas formas. Ainda que estribados nos mesmos princípios cosmológicos dos turcos, os primeiros povos que vagaram sobre o norte da Europa e da Ásia tomaram a Terra, e não a Lua, como divindade, por ser aquela a provedora do sustento e alimento dos seus filhos, com os frutos que brotavam de si. Júpiter, o Céu, era seu esposo e lhe fecundava com as chuvas que derramava sobre ela.[11]

O culto à Grande Mãe também foi professado pelos etíopes, pois pela aridez e o calor escaldante de sua terra, louvavam ao Sol, para amenizar seus efeitos sobre a natureza e os homens, mas também a Lua, por ser ela a responsável pelo hiato necessário ao calor ardente de seu esposo e regente do dia.[12]

O Sol, batizado de Osíris pelos egípcios, e a Lua, Ísis, sua irmã e esposa, representavam as causas de produção e destruição sobre todos os seres que habitavam a terra, o ativo e o passivo, o macho e a fêmea e deles dependia a geração de toda a vida existente em nosso plano. Assim, todos os eventos eram explicados através dos astros e seus movimentos, seu aparecimento e desaparecimento, as fases da Lua, adorada sob a forma do íbis, a jornada do Sol, cujo símbolo era o falcão, como também o aumento ou a diminuição da luz, os

---

11. Ibidem, pp. 15-16.
12. Ibidem, p. 12.

20 | *Da Fórmula dos Deuses Mortos*

solstícios e equinócios, a divisão celeste, e tantas outras atribuições religiosas que os povos da antiguidade enxergavam na natureza e utilizavam para prestar culto ao Grande Tudo.[13]

Os Persas consagraram o deus Baal, antigo Sol da Babilônia, sob o nome de Mitra, e em seu culto edificaram Templos e fizeram arder uma pira sagrada, perpetuamente vigiada pelos Magos de sua religião, como símbolo fiel do Sol. Seus livros sagrados registram inúmeras invocações a Mitra, à Lua, aos astros, aos elementos e à natureza, e nas adorações que lhes prestavam, queimavam incenso, como fazem as religiões contemporâneas.[14]

Não é nossa pretensão demonstrar que o culto solar seja absoluto, universal e perpétuo. As antigas religiões adoravam a natureza em suas múltiplas variações. No entanto, as teologias solares sobreviveram ao tempo, a perseguição e ao ultraje, adicionando novos mistérios àqueles da antiguidade.

Engana-se quem acredita que os símbolos e cultos dos antigos são invencionices arbitrárias. Eles, antes de qualquer coisa, são emanações profundas do inconsciente, que revelam a verdadeira natureza do homem. Pela observação do crescimento e diminuição periódica do dia, causados pelo Sol, os antigos criaram diversas fábulas relacionadas, em sua totalidade, à geração do homem e seu caminho na terra, representando desde a sua concepção e parto, ascensão e virilidade, até seu declínio e morte. O Sol então se tornou homem pelas correspondências estabelecidas entre o seu trajeto e o de nossa própria existência; os percalços e malogros, a exuberância e o desdouro que acompanham o homem na

---

13. Ibidem, pp. 10-11. Cf. tb. p. 03.
14. Ibidem, pp. 13-14.

sua peregrinação pelos caminhos do seu exílio, também o fazem com o deus do dia.

Sob estes fundamentos, a literatura helênica nos legou a ficção mística do Sol, adorado sob o nome de Hércules. Sua peregrinação pelas doze colunas do Zodíaco, que adornam nossos templos, representa o processo de exaltação da condição humana à divina, que jaz adormecida no âmago mais profundo do ser e precisa passar da potência à ação para cumprir o seu elevado destino. Cada evento narrado no drama helênico está relacionado, como todas as lendas da antiguidade, a um evento astronômico que, segundo a impressão dos antigos, seria responsável pelas influências que a natureza sofria naquelas circunstâncias.

O início do ano não era celebrado com a chegada de janeiro, como atualmente, mas nas festas olímpicas gregas, realizadas no solstício de verão, sob a influência do signo de Leão. Nessa conjuntura, situamos nos pontos axiais do mapa celestial o solstício de inverno sob o signo de Aquário e os equinócios em Touro e Escorpião, posição do firmamento há aproximadamente dois mil e quatrocentos anos antes de nossa era.

O deus Sol, ao iniciar o percurso anual, foi a Neméia acudir seu povo que clamava sua ajuda, por estar sob o jugo de um terrível leão, que destruía os campos e vitimava seus homens. Ao confrontar-se com ele, Hércules abandona todas as suas armas, pois pela consistência da pele da fera, todas eram inúteis para contê-la, de maneira tal que foi preciso confrontá-la apenas com as próprias mãos, até a morte.

O ocaso da hidra no signo de Virgem foi representado nesta fábula pela destruição da hidra de Lerna que, após ter uma de suas cabeças decepada, fez surgir outras tantas em seu lugar; pelo gérmen urânico de sua natureza, a terra lhe emprestava forças para garantir sua infinita regeneração; ao dar-se conta disso, Hércules tomou a hidra nos braços e a apartou da terra para que fosse fulminada pelos raios do Sol.

virgo

Quando o Centauro celeste se levanta no horizonte e o Sol passa ao signo de Libra, no início do outono, Hércules escala o monte Erimanto em busca de seu próximo trabalho. No percurso, encontra o centauro Pholos que, como insígnia da constelação de Sagitário, persuade o deus Sol a afanar um barril de vinho, em correspondência ao odre de vinho e o tirso ornado de pâmpanos e uvas do Centauro do firmamento. O terrível javali que devastava as florestas do Erimanto entestou o príncipe solar não em força, mas em engenho: depois de ser atraído para fora do seu esconderijo, ele sucumbiu à exaustão causada pela perseguição empreendida por Hércules, que o carregou sobre seus ombros, ainda vivo, até o palácio de Micenas.[15]

libra

scorpio

---
15. Cf. URBANO JÚNIOR, Helvécio de Resende, op. cit., 2012, pp. 434- 440.

Nos Mistérios do Egito a constelação de Cassiopéia representou a rainha da Etiópia aliada de Tifão, o abominável assassino de Osíris. Aqui, por outro lado, remete-se ao significado primitivo dessa constelação, a corça. No seu quarto trabalho, Hércules triunfa sobre a corça de Carineia, animal de velocidade sem par, cujos chifres eram de ouro e os pés de bronze, e habitava o monte Cerineu. Foi incumbida a Hércules a captura dessa corça, que, após assídua perseguição, terminou emboscada no monte Artemísio.

sagittarius

Em seu quinto trabalho, Hércules é encarregado de caçar três pássaros, que nada mais são do que representações simbólicas das constelações de Abutre, Cisne e Águia, que nasciam no horizonte, por ocasião da passagem do Sol pelo signo de Sagitário.

capricornius

Junto ao Bode celeste se põe a constelação de Aquário, o rio estrelado que corre debaixo de Capricórnio e que nasce nas mãos de Aristeu. A limpeza do odor pútrido do imenso esterco dos estábulos de Aúgias é o trabalho que Hércules realiza no sexto mês de sua jornada, ao desviar o curso do rio Alfeu para lavar a imundície do gado do rei argonauta.

aquarius

Hércules chega a Elide montado no cavalo Arion e trazendo consigo o touro de Creta, que devastou os campos de

Maratona. Após instituir e celebrar os jogos olímpicos, Hércules dirige-se ao Cáucaso e assassina o abutre que devorava o fígado de Prometeu. Quando o Sol atingia o signo de Aquário, emergia do céu a constelação de Abutre, ao lado da de Prometeu. Simultaneamente, o Touro celeste culminava no meridiano, e no poente o cavalo de Arion ou Pégaso, concluindo as analogias celestes do sétimo trabalho.

Em seguida, Hércules conquista os cavalos de Diomede, filho de Cyrene ou, dito de outro modo, o Sol entra no signo de Peixes e acompanha o nascer matinal do Cavalo celeste.

Hércules embarca no navio Argo, correspondente ao nascimento dessa constelação, e pelo poente de Andrômeda, pela Baleia, pelo nascimento da Medusa e o poente de Cassiopéia. Indo em busca do tosão de ouro, Hércules enfrenta as filhas de Marte, planeta dedicado ao signo de Áries, em que o Sol se encontra,

e liberta uma jovem do cativeiro de um monstro marinho.

Os personagens a que esta tarefa alude são Órion e suas muitas paixões, como sejam, as Plêiades, o rio Eridan e a cabra, esposa do Fauno. Hércules, em seguida, dirige-se a Hespéria, em busca dos bois de Géryon, onde mata um príncipe famoso por sua crueldade e por perseguir as Atlântides.

Após a conclusão de sua labuta, chega até a Itália, na casa de Fauno, ao nascer das Plêiades.

Na décima primeira tarefa de sua jornada, Hércules triunfa sobre o cão com cauda de serpente, isto é, o emblema da passagem da estrela do dia pela constelação de Cão Maior e de Hidra, que emerge em seu encalço.

Por fim, Hércules chega a Hespéria, para colher as maçãs de ouro sob a posse do dragão, isto é, a constelação de Hércules desce às regiões ocidentais, chamada Hespéria, perseguida pelo dragão celestial, guardião das maçãs do jardim das Hespérides, o qual sucumbe sob os pés do grande deus Sol. Segundo uma variação da lenda, Hércules, em seu último trabalho, pretendia apoderar-se das ovelhas do tosão de ouro, para tanto, ele se veste com uma túnica embebida no sangue de um centauro. Após a combustão dessa túnica, Hércules morre, para renascer no Olimpo e desfrutar da imortalidade. Sua correspondência astronômica se fundamenta no poente do rio de Aquário e do Centauro, junto ao nascer do Pastor e seus carneiros.[16]

O herói da mitologia helênica encarnou as ficções sagradas para encerrar as grandes verdades espirituais que compunham a religião universal. Quiçá por essa razão, Nonnus demonstrou a natureza solar de Hércules quando disse:

---

16. Cf. DUPUIS, Charles François, A fábula feita sobre o sol, adorado com o nome de cristo, 2006, pp. 382-387.

É o mesmo deus que diversos adoram sob a multidão de nomes diferentes: Belo nas margens do Eufrates, Amon na Líbia, Ápis em Mênfis, Saturno na Arábia, Júpiter na Assíria, Serápis no Egito, Hélio entre os babilônios, Apolo em Delfos, Esculápio em toda a Grécia, etc.[17]

Das bases cardeais que edificam os templos espirituais dos homens, nenhuma religião diverge. A ignorância voluntária dos postulados naturais nos quais se estribam os cultos religiosos é fazer da razão uma vela sem pavio, que não conforta nem ilumina.

Em diversas culturas e cosmogonias, deus enviou seu filho para intervir sobre o destino dos homens. Baco, também chamado de Salvador, como Cristo, realizou diversos milagres, entre os quais curar os doentes e prover três cântaros de vinho que se enchiam em seu Templo, tendo óbvias conexões com os mistérios cristãos.

Nas festas titânicas ou da noite perfeita, o Sol infante do solstício de inverno, adorado sob o nome de Baco, passava pelo seu calvário, ao ser destruído e despedaçado pelos titãs, e após trilhar os caminhos tortuosos da morte e dos infernos, ressurgia triunfante e ressuscitado, quando Ceres, sua mãe, reunia seus membros e lhe restaurava a vida.

Nos mistérios da noite, os egípcios celebravam a paixão de Osíris sob circunstâncias inequivocamente semelhantes aos outros povos. Tifão, seu irmão e assassino, era representado como a Serpente celeste do outono, que o Sol atravessa em sua passagem pelo signo de Escorpião. Os egípcios emergiam, então, após o terrível deicídio, em luto, como os

---

17. NONNUS apud URBANO JÚNIOR, Helvécio de Resende, op. cit., 2012, p. 433.

cristãos fazem na sexta-feira santa, e sob o túmulo do Sol, derramavam lágrimas até sua ressurreição. Osíris, que havia descido aos infernos, retorna de lá para se unir ao seu filho, Hórus, deus da primavera, representado em nossas Lojas como a Estrela Flamejante, e vinga-se de Tifão, o deus das trevas, para reestabelecer a ordem e a luz no mundo.[18]

Da mesma maneira que a Serpente celeste emprestou sua forma a Ariman, o príncipe das trevas dos persas, o Sol tomou emprestado diversas formas, a depender do signo onde ocorriam os principais eventos de sua revolução, alterados pela precessão dos equinócios. O Leão, representando Hércules, expressava a mesma finalidade que o Cordeiro possui para os cristãos.

Quando o cristianismo se estabeleceu, o signo de Áries, chamado de Cordeiro pelos persas, era o signo da exaltação do Sol no equinócio de primavera, em que o Cordeiro celestial reparava a natureza dos martírios do inverno. Apesar dos acessórios diferirem substancialmente entre os diversos cultos, suas bases são idênticas. O Cordeiro, em seu triunfo equinocial, é apenas a imagem do Sol, que assumiu as formas do primeiro signo entre os vários que integram seu percurso, e atende, tanto por Júpiter Amon, adorado pelos gregos, quanto por Jesus de Nazaré, adorado pelos cristãos.[19]

Não obstante, o Cordeiro não é um símbolo absoluto, uma vez que a precessão dos equinócios faz com que a relação entre os eventos astronômicos e os signos sob os quais o Sol faz a sua marcha se modifiquem com o passar dos anos. O que o

---

18. Cf. DUPUIS, Charles François, op. cit., 2006, pp. 342-343.
19. Ibidem, pp. 336-338.

28 | *Da Fórmula dos Deuses Mortos*

Cordeiro é para os cristãos, o Touro representou nos mistérios de Mitra e Baco, sob os mesmos fundamentos e razões.

Tertuliano e São Justino argumentaram que, muito antes de existirem cristãos, o Diabo veio ao mundo e ensinou os Mistérios do cristianismo aos povos da antiguidade, que os inseriram aos cultos pagãos e suas cerimônias[20]. A religião solar se baseia em fórmulas universais muito anteriores ao cristianismo. Para os que pretendem governar o mundo pelas rédeas da religião, faz-se necessário defender a falsa originalidade de suas crenças e, com a ignorância e a astúcia, suspender o juízo dos seus discípulos.

Dois eventos notáveis foram largamente celebrados pelos antigos nos seus cultos solares. No solstício de inverno o Sol parecia ter abandonado toda a vida na terra, mas então retorna e ascende, para que, como deus menino, torne a oferecer luz e vida aos seus súditos, ainda que timidamente. Por seu turno, no equinócio da primavera, o Sol cruzava a linha equinocial, passando entre os domínios da luz e das trevas, doando seu calor e fecundando a natureza[21]. Conforme os dogmas teológicos dos cultos solares, o mal introduzido no mundo é o inverno, devendo ser destruído pelos beneplácitos que o Sol da primavera oferece em sua ascensão através dos signos do Zodíaco.

O que diferencia o deus cordeiro dos cristãos do Júpiter dos romanos é apenas o nome. A fábula feita sobre ambos tem o Sol como objeto e foi utilizada como Fórmula das grandes religiões da humanidade desde muito tempo, ao expor, de

---

20. Ibidem, p. 335.
21. Ibidem, pp. 322-323.

forma extremamente velada por uma linguagem simbólica, o percurso do homem da sua prisão terrena até as esferas superiores. O deus Sol sofre tormentas substancialmente similares, de modo que, atendendo por qualquer nome que seja, ele repousará na campa e se erguerá triunfante sobre as trevas e a morte.

Segundo as escrituras, Jesus de Nazaré nasceu em um estábulo assistido por um asno, um touro e um carneiro, e teve como primeiro berço uma manjedoura forrada de palha, conforme a prática convencionou. Na constelação de Câncer, onde o Sol atinge o ápice de sua jornada, há um pequeno conjunto de estrelas intitulado Presépio[22], envolvida por duas estrelas maiores, Asellus Australis e Asellus Borealis, que significam, respectivamente, pequeno asno do sul e pequeno asno do norte. O touro e o carneiro que também assistem ao deus menino no presépio representam os signos de Touro e Áries, precedentes do signo de Peixes, cujo Cristo é símbolo.

Nove meses antes do signo de Câncer, está o de Virgem, a única que pode dar à luz sem deixar de sê-la, por sobre quem paira a constelação de Boötes, cuja estrela mais brilhante, Arcturo, foi adorada por diversos povos, e serviu como guia para que os reis magos encontrassem o messias[23], concebido na noite mais fria e longa do ano, aludindo à marcha em ascensão do Sol do hemisfério sul ao norte.

Segundo a teologia solar, o Sol infante, embora deus, ainda é fraco e vacilante, e necessita de proteção contra as investidas de seus inimigos. Assim como o Rei da Glória

---

22. Presepe, situado em, aproximadamente, 23° N.

23. Cf. URBANO JÚNIOR, Helvécio Resende, Maçonaria: simbologia & kabbala, 2010, p. 245.

30 | *Da Fórmula dos Deuses Mortos*

precisou fugir para proteger-se da fúria de Herodes, também o Sol precisa ser defendido contra as forças desregradas que se irrompem contra ele. A gênese da vida e do poder obriga a estrela do dia a permanecer por mais três meses nos maus signos, na região dominada pelas forças inferiores da natureza, só vindo a reestabelecer-se na plenitude de sua potência no equinócio de primavera.[24]

Distante e protegido, o menino cresce em glória e poder: a primavera lhe fortalece e faz belo, bom e sábio, para que depois desses três meses, os contornos, outrora sutilmente delineados, se tornem marcantes e sólidos sobre ele. Eis o deus Sol em toda a glória do verão, dando ao mundo os benefícios de seu poder, já pronto para realizar sua obra.

E como se não fosse sem tempo, é chegado o outono e inicia-se sua peregrinação, para que os homens provem os doces frutos nascidos de sua força, que já está em declínio, pois o ciclo anual em breve será reiniciado.[25]

Os jogos de circo dos romanos eram celebrados em honra ao nascimento do Invencível[26], no oitavo dia antes das calendas de janeiro, isto é, 25 de dezembro. Assim também celebraram os persas e os egípcios, ao situar o nascimento do deus Sol no solstício de inverno.[27]

A Mãe Universal, como seu filho, atende por muitos nomes, os persas a chamaram de *Seclenidos* de *Darzama*, os arábes de *Adrenedefa*, ou seja, uma virgem pura, casta e imaculada; Eratóstenes chamou Ísis de Virgem celeste, por

---

24. Cf. DUPUIS, Charles François, op. cit., 2006, pp. 326-327.

25. Cf. URBANO JÚNIOR, Helvécio Resende, op. cit., 2010, p. 246.

26. Natalis Invicti, no original em latim.

27. Cf. DUPUIS, Charles François, op. cit., 2006, p. 323.

ser este signo, que à época do surgimento das antigas religiões, inaugurava o novo ciclo solar, à meia noite do dia 25 de dezembro, parindo o Sol, que vinha salvar os homens do inverno e restituir vida à natureza. Tendo em suas mãos duas espigas de trigo, a virgem amamentava o Sol. Nesta lenda, o Boieiro (Boötes), acompanhante celeste da virgem, figurou como o pai adotivo do deus Sol, o José dos cristãos.

Na Lua cheia do equinócio de primavera, isto é, no momento em que o deus Sol atravessava o pórtico entre os signos com influências tenebrosas para a luz, era celebrada a fecundação de Ísis por Osíris, entre os egípcios, assim como nesta ocasião os cristãos celebram a anunciação de Maria.

O mês de *phamenot*, dos egípcios; o primeiro dia do mês de *nisan*, dos judeus; e o dia 25 de março, dos cristãos, partilham dos mesmos dogmas teológicos, a saber, o triunfo do deus Sol sobre a morte e, conforme Cedreno nos ensinou, a data da comemoração da páscoa se fundamenta, também, na celebração romana do triunfo do Sol sobre o império das trevas, realizada no oitavo dia das calendas de abril.[28]

Não elide das origens solares das cerimônias cristãs sequer o suplício e o luto pela morte. Átis, adorado pelos frígios, era representado por um jovem preso a uma árvore, cortada na cerimônia que representava sua morte e durante três dias seus fiéis carpiam-se de dor e permaneciam enlutados até o início da festa das hilárias, em que se comemorava, com extrema alegria, o retorno do Sol e seu triunfo sobre a noite.[29]

---

28. Ibidem, pp. 331-333.
29. Ibidem, pp. 340-341.

32 | *Da Fórmula dos Deuses Mortos*

A Maçonaria, como herdeira dos Antigos Mistérios, fez com que os cultos antigos e seus legítimos significados fossem preservados através de suas cerimônias e símbolos.

A bíblia só representa o livro da lei quando os membros de uma determinada Loja sejam cristãos. Assim, seu lugar será ocupado, sem alteração dos propósitos e postulados fundamentais da instituição, por quaisquer livros sagrados que porventura os Maçons adotarem para si próprios.

Já foi provado que grande parte dos edifícios religiosos se assentam sobre as mesmas bases, de maneira que os olhos livres das amarras do dogmatismo odioso olvidam os elementos acessórios e se concentram na essência imutável e universal que sustenta a espiritualidade em todo o hemisfério. Foi neste sentido, que o Ir∴ Manly P. Hall disse:

> O verdadeiro Maçom não está preso a nenhum credo. Percebe com a iluminação divina de sua Loja que, como Maçom, sua religião deve ser universal: Cristo, Buda, Maomé, o nome pouco significa, pois ele reconhece apenas a luz, e não quem a oferece. Ele cultua em qualquer santuário, curva-se perante qualquer altar, independente de ser templo, mesquita ou catedral, percebendo com seu entendimento a unidade da verdade espiritual.[30]

Sobre a Fórmula do deus moribundo, a Maçonaria edificou a fábula de Hiram Abif, cuja vida, morte e ressurreição correspondem às mesmas lições de que já tratamos. Como Osíris é o Baco do Egito, Hiram é o Apolo da Maçonaria. O drama do terceiro grau diverge das religiões apenas no que

---

30. HALL, Manly P., As chaves perdidas da maçonaria: o segredo de Hiram Abiff, 2006, p. 80.

concerne à sua superioridade filosófica. Enquanto as figuras solares reclamam oferendas e submissão, o Mestre Arquiteto é vivido pelo próprio recipiendário, ensinando-lhe que ele partilha do mesmo destino e essência do Sol, devendo cultivar, em si mesmo, os fundamentos da divindade. Não é legítimo ao Maçom tomar o significado sagrado das lições transmitidas na Câmara do Meio pelos símbolos que a adornam, sob pena de profanação e sacrilégio.

Despiciendo dizer que o herói da mais importante lenda maçônica é uma variação da fábula solar que, pela sabedoria de nossa Instituição, não deseja a exclusividade de seus fundamentos ou de seus significados, pois, eles próprios, foram extraídos de diversas bases, como sejam, os Mistérios de Elêusis, na Grécia; os de Osíris, no Egito; de  Adônis, na Síria. O ocaso do Sol dava àqueles povos, a impressão de que ele viajava pelo subterrâneo para nascer no leste todos os dias. De fato, eles temiam que o Sol não fosse renascer e lhe devotavam suas súplicas e preces, para que tivesse êxito na sua luta contra as forças das trevas.

Não demorou muito para que, pela divisão primordial e óbvia entre dia e noite, os meses também fossem divididos sob o prisma maniqueísta que eles edificaram. Os seis meses compreendidos entre o equinócio vernal e o equinócio de outono eram considerados benéficos, repletos de luz, calor e regidos sob as melhores influências que as mentes dos homens daquela época compreendiam. Passado o equinócio de outono, quando o Sol ingressava no signo de Libra, ele era rebaixado, pela atração das forças inferiores dos signos do outono e do inverno, para, depois de sua morte, ressuscitar em glória em seu triunfo vernal.

Não são necessários maiores esforços, meu Irmão, para convencê-lo da veracidade de nossas assertivas e por pouco não é supérfluo afirmar que nosso Respeitabilíssimo Mestre não é outro, senão o Sol:

> O Sol, no solstício de verão, provoca entre tudo o que respira, os cantos da renascença; daí que Hiram, que o representa, possa dar, a quem de direito, a palavra sagrada, isto é, a vida.

> Quando o Sol desce nos signos inferiores, começa o mutismo da natureza. Hiram não pode, pois, dar mais a Palavra Sagrada aos Companheiros, que representam os três últimos meses inertes do ano.

> O primeiro Companheiro é tomado como tendo contundido fracamente Hiram com uma Régua de Vinte e Quatro Polegadas, imagem das vinte e quatro horas que dura cada revolução diurna: primeira distribuição do tempo que, depois da exaltação do grande astro, atenta fracamente contra a sua existência dando-lhe o primeiro golpe.

> O segundo fere-o com um Esquadro de ferro, Símbolo da última estação, figura nas intercessões de duas linhas retas que dividiram em quatro partes iguais o círculo zodiacal, cujo centro simboliza o coração de Hiram, onde se juntam as pontas dos quatro Esquadros figurando as quatro estações:

segunda distribuição do tempo que, nesta época, assenta um novo e maior golpe na existência solar.

O terceiro Companheiro o fere mortalmente na testa com um forte golpe de Malho, cuja forma cilíndrica simboliza o ano, que quer dizer círculo, anel: terceira distribuição do tempo, cuja conclusão assesta o último golpe na existência do Sol expirante.

Nesta interpretação se conclui que Hiram, fundidor de metais, se tornou o herói da nova lenda com o título de Arquiteto, e é o Osíris (o Sol) da Iniciação moderna; que Ísis, sua viúva, é a Loja, emblema da terra (em sânscrito Loka, o mundo), e que Horus, filho de Osíris (ou da Luz), é o filho da viúva, é o Franco-Maçom, isto é, o Iniciado que habita a loja terrestre (filho da viúva e da Luz)[31]. (sic)

Para além da brilhante síntese do Ir∴ Ragon, há no significado do nome do artífice fundamento para apoiar nossas ilações. Apesar do Manuscrito Regius, 1390, ser o primeiro documento das Antigas Obrigações, ele não faz qualquer menção à construção do Templo de Salomão e seus personagens. O Manuscrito de Cooke, c. 1400, é quem primeiro traz essas informações, com o seguinte acerca do Mestre Arquiteto:

Entre outras mudanças que levou a efeito, Salomão escolheu três mil dentre os mais hábeis Operativos e colocou-os como governadores ou superintendentes da obra. Todos eles foram classificados sob o termo geral de Maçons. Nessa ocasião, Salomão recebeu inúmeras indicações lisonjeiras do espírito amistoso de soberanos vizinhos e, entre outros, de Hirão, Rei

---

31. RAGON, Jean-Marie, Ritual do grado maestro, 2010, pp. 57-58. Cf. tb. SOUSA, Ailton Elisiário de, Maçonaria hiramita, 1997, pp. 41-42.

de Tiro, que lhe ofereceu os recursos do reino tírio. Por essa maneira, o Rei de Israel pode conseguir a madeira essencial à construção do Templo. Um filho de Hirão, chamado Ainão, foi nomeado Mestre Maçom dessa grande obra e distinguiu-se particularmente pelos seus conhecimentos de geometria. Era o Mestre principal de todos os Maçons empenhados na construção do templo judaico, e um Mestre proficiente do entalhar e do esculpir e de todos os tipos de Maçonaria exigidos pelo sagrado edifício.[32]

O Manuscrito Dowland, c. 1500, nos oferece outra versão:

E após a morte do Rei Davi, Salomão, filho de Davi, completou o Templo começado por seu pai, e mandou buscar Maçons de diversos países e diversas terras e os reuniu, de modo que tinha oitenta mil trabalhadores de pedra, todos denominados Maçons. E escolheu entre eles três mil, que foram nomeados Mestres e governadores da sua obra. Além disso, havia um rei de outra região que os homens chamavam Hirão, que gostava muito do Rei Salomão, e deu-lhe a madeira para sua obra. E ele tinha um filho chamado Ainão, Mestre de Geometria, e Mestre Principal de todas as espécies de Maçonaria pertencentes ao Templo.[33]

O nome do Arquiteto passa a ser Hiram de Tickus, nos Manuscritos Colne 1, c. sec. XVII, e Claphan, c. 1700. O Manuscrito Dumfries 4, 1710, e o Cama, séc. XVIII, reduzem-lhe o nome para Hiram. O nome Hiram Abiff, passa a ser utilizado a partir dos Manuscritos Songhurst, de 1725,

---

32. HORNE, Alex, O templo do rei Salomão na tradição maçônica, s./d., p. 7 apud SOUSA, Ailton Elisiário de, op. cit., 1997, p. 16.

33. Ibidem.

Spencer e Inigo Jones, de 1726; Cole, de 1728; Dodd, de 1739, bem como na edição de 1738 do Livro das Constituições, de James Anderson.[34]

Conforme narrado em II Crônicas, Capítulo 2, versículo 7, o rei Salomão, desejando edificar um templo ao Altíssimo, solicitou ao rei de Tiro, Hiram, que lhe enviasse alguém apto a comandar tal empreendimento e que possuísse experiência no trabalho com ouro, prata, ferro, carmesim e azul, e que fosse escultor, a qual Hiram respondeu:

> II Crônicas, 2:13: Envio-te, pois, um homem hábil e entendido, Huram, meu pai [le-Huram Avi].
>
> II Crônicas, 2:14: ele sabe trabalhar em ouro, em prata, em bronze, em ferro, em pedra, e madeira, em púrpura, azul e violeta, em linho fino e em carmesim; ele também sabe todas as espécies de esculturas [...]35

Para além das aparências, Hiram Abif não era pai do rei de Tiro. No antigo testamento a palavra hebraica אב, também significava "professor, conselheiro ou mestre", demonstrando estima e consideração, por parte de quem a empregava. Em Gênesis, a título de exemplo, Capítulo 45, versículo 8, José diz que "Deus... fez-me um pai para o Faraó". Em ambas as hipóteses, a tradução que melhor parece se adequar é o emprego de אב como sinônimo de Mestre.

---

34. SOUSA, Ailton Elisiário de, op. cit., 1997, pp. 16-17.

35. Bíblia. Antigo Testamento: II Crônicas apud CARR, Harry, O ofício do maçom: o guia definitivo para o trabalho maçônico, 2012, p. 240.

O Respeitabilíssimo Mestre Hiram,
Vitral da Igreja de São João, Chester (1900).

Painel do Terceiro Grau, dito "de Harris".
(João Guilherme da Cruz Ribeiro).

Em hebraico o nome Hiram é produto da adição de duas palavras: חי [ChI] e רׇאׇב [RAM], que significam, respectivamente: "vivente" e "era" ou "será erguido ou levantado"[36]. A tradução do nome Hiram significa, portanto, "aquele que foi erguido ou levantado à vida", ou, podemos dizer, o Sol, que morre no solstício de inverno ou no pórtico dos signos nefastos do outono e do inverno, e ressurge ressuscitado no equinócio de primavera e atinge o máximo de seu poder, quando o Leão celeste lhe agarra com sua poderosa atração e exalta ao apogeu de sua potência.

Chiram, um nome originalmente caldeu, foi erroneamente grafado como Hiram, pela proximidade entre as letras hebraicas ח [Ch] e ה [H] e, como os demais itens que lhe envolvem, é um símbolo. Na 14.ª linha da Tábua da Esmeralda está escrito: "*Chiram* TELAT MACHASOT", ou, "*Chiram*, o Agente Universal, um em Essência, mas três em aspecto".[37]

O Ir∴ Albert Pike argumenta que a melhor tradução para o nome do Arquiteto seria KHURUM ou KHUR-OM, que se corrompeu e se tornou Hermes, o mensageiro dos deuses, indicando a fluidez do princípio universal, que cria e mantém a obra do Supremo Artífice. Ele também representa Her-acles ou Hércules, a personificação da luz do Sol, mas que, na realidade é símbolo de uma verdade muito mais profunda.[38]

---

36. Cf. PIKE, Albert, Moral and dogma of the ancient and accepted scottish rite of freemasonry, 1871, pp. 78-79.

37. HALL, Manly P., op. cit., 2006, p. 107.

38. Cf. PIKE, Albert, op. cit., 1871, pp. 78-79.

Chiram é uma palavra que reúne outras três em si e que cinge a essência do ato criador da natureza e o Espírito Universal. As consoantes que iniciam as palavras hebraicas fogo [Chamah], ar [Ruach] e água [Majim], formam o nome *Chiram*, a matéria de onde se originaram todas as outras do universo, vale dizer, a primeira causa, de onde todas as outras emanaram.[39]

A matéria prima da Grande Obra, conforme ensinaram os alquimistas, é a união do enxofre, do mercúrio e do sal; os componentes do *azoth*, o Grande Agente Universal. O enxofre filia-se à forma primitiva do fogo, o mercúrio ao ar e a água com o sal. O Mestre Arquiteto, pela união das letras que compõem seu nome, é o mesmo Agente Mágico dos alquimistas, a matéria prima.

Convém observar que a Cerimônia do terceiro grau está intimamente ligada aos Mistérios da Antiguidade, na medida em que compartilha a estrutura essencial de seus rituais: o candidato é identificado com um herói, que por sua vez é identificado com a divindade, realizando a *Unio Mystica*[40], pela reintegração simbólica entre deus e o homem. Protestamos provar nosso ponto de vista por três argumentos.

---

39. Cf. HALL, Manly P., op. cit., 2006, p. 107.

40. Quando afirmamos que "Hiram é deus", não é nosso propósito fazer crer que ele seja uma espécie de divindade maçônica, a qual prestamos culto em nossas Oficinas. Antes de ser considerado um deus, melhor seria defini-lo como nosso Eu profundo; aquele que abarca em seu conceito o homem e o universo, muito longe do engano do egocentrismo e do autoerotismo. Hiram é para a Maçona--ria o que o Si-mesmo é para a psicologia junguiana, isto é, "Deus em nós". (Cf. MAXENCE, Jean-Luc, Jung é a aurora da maçonaria: o pensamento junguiano na ordem maçônica, 2010, p. 34).

Da Fórmula dos Deuses Mortos

Conforme os registros do Antigo Testamento, Hiram é apresentado como fundidor de metais, como já visto. Sua promoção a Arquiteto do Templo, nos Rituais da Maçonaria, entretanto, não deve ser compreendida como um equívoco ou escolha aleatória e inútil. O Antigo Testamento deixa claro que o Arquiteto do Templo de Salomão é Deus (I Crônicas, Capítulo 28), de modo que a promoção de Hiram, de simples artífice a Arquiteto do Templo, indica sua união com a divindade.[41]

A mais vetusta versão da Cerimônia de Exaltação, nos faz saber que o nosso Respeitabilíssimo Mestre foi sepultado no *Sanctum Sanctorum*, onde nenhum ser humano poderia sequer ingressar[42], salvo o próprio Sumo Sacerdote, que só o fazia uma vez no ano. Esse fato torna absolutamente incompreensível a ideia de que alguém, por mais ilustre e bom que pudesse ser, fosse sepultado no cerne mais íntimo do Santuário.

A primeira inconfidência maçônica a conter os três graus simbólicos da Maçonaria, *Masonry Dissected* (1730), fez com que a Primeira Grande Loja modificasse os Rituais da época. Com isso o sepultamento do Mestre no *Sanctum Sanctorum* foi suprimido, e a divindade de Hiram revogada. No entanto, as primeiras publicações espúrias na França preservaram a antiga Fórmula sob outra roupagem: constam nas reproduções mais antigas do Painel Francês do terceiro grau o nome *Jehova* sobre o esquife. Posteriormente, este

---

41. Cf. SNOEK, Joannes A.M., op. cit., 2003, p. 52.

42. Cf. SNOEK, Joannes A.M., On the creation of masonic degrees: a method and its fruits, 1998, pp. 151-152.

nome foi substituído pela estrela flamejante com a letra G no centro, e então só pela última, como a representação moderna dos nossos Rituais. É tão óbvio que é despiciendo observar: o nome sobre a campa é daquele que a preenche, Deus, nesta hipótese.[43]

O Deus moribundo tem em Hiram mais uma representação, e o sentido último de sua paixão só pode ser atingido por aquele que vê, além das aparências que confundem, a essência única que partilhamos. Ao revocar os antigos ensinamentos transmitidos ao longo da história da humanidade, a Maçonaria, pelo fraternal concurso de seus símbolos, baniu os caprichos e as quimeras do espírito do homem e, pela representação trágica do Arquiteto lendário do Templo de Salomão, permitiu que o Grande Arcano fosse delibado em nossas Lojas.

---

43. Ibidem, pp. 156 e 169.

Capítulo II

De Arcano Nefando[44]

Tirésias, cego ao contemplar o corpo nu de Minerva, é uma alegoria que nos transmite a importância de vestir a sabedoria com disfarces que ofusquem seu esplendor para a apreciação de nosso intelecto. Assim como o Sol do meio dia fere os olhos de quem diretamente lhe fita, a verdade o faz com o recipiendário que contempla diretamente a sua face.

É verdade que o véu da linguagem simbólica foi costurado sob o pretexto de proteção do próprio aspirante. Todavia, advirta-se uma vez mais, que muitos tomam a forma pelo conteúdo e, vendo apenas a silhueta da sabedoria, julgam conhecê-la profundamente. O tecido claro e fino que dá luz aos olhos de um, cega completamente os de outros. O véu, então, faz-se venda, e os olhos que deveriam contemplar as altas transcendências vagam e tateiam nas trevas, sem apoio ou proteção.

---

44. "Do Segredo Indizível"; título dado por Aleister Crowley ao Capítulo 82 do Liber Aleph.

46 | *Da Fórmula dos Deuses Mortos*

É ignorância, que deságua em fanatismo intolerante, adorar o símbolo em detrimento da lição. Deverá o Mestre Maçom arrancar o crepe tingido de carmesim que lhe tapa e atravessar o lugar comum em que se estabelece o pensamento espiritual e transcender à superioridade da fé amparada pela razão, da moral proposta como emanação da sabedoria divina e aprendida pela sua própria sabedoria, e não como mandamentos arbitrários de um déspota celestial.

A confraria arrogou para si os Mistérios da Antiguidade e, junto aos símbolos dos construtores medievais, edificou um sistema em que esta sabedoria continuasse preservada, em glifos e alegorias, para a posteridade e conservasse as sublimes verdades que o gênero humano inquiriu desde seus primeiros passos sobre o plano terrestre. Ao mesmo tempo, a Maçonaria não protesta a exclusividade de seus ensinamentos, de maneira tal que podemos afirmar, com substancial resolução, que diversos pensadores da antiguidade trouxeram à lume dogmas filosóficos que, se não necessários, são úteis as especulações que nos ocupamos. Rigorosamente, as teses defendidas pelos antigos servem como exercício de erudição ao espírito intelectual do Maçom, ao considerarmos que, na imensa maioria dos casos, seus postulados não integram nenhum Rito praticado.

Ainda que em suas origens lendárias, a Maçonaria preocupa-se em oferecer lições aos seus adeptos, a fim de inculcar em seus corações as benesses do aprendizado maçônico. Nosso infeliz Arquiteto e seu Rei, homônimo, professavam um credo muito similar aos sabeístas e, junto ao povo de Gebal, reverenciavam diversos deuses, o que, para os hebreus, como Salomão, era uma terrível abominação.

Ainda assim, esses mestres sentaram-se lado a lado em suas guildas e lá comungaram como irmãos e somaram esforços para a edificação da Casa do Altíssimo. Eis as bases – ainda que lendárias – do espírito religioso maçônico: a edificação da tolerância e a unidade primeira e absoluta do culto ao Grande Arquiteto do Universo.

O Ir∴ Albert Mackey, informa que, nos Mistérios Egípcios, Al-Om-Jah era o nome do Supremo Criador[45] e por seu intermédio, Rá criou todas as coisas do universo. Todavia, por deter grande poder em sua pronúncia, esse nome foi mantido oculto de todos os homens e deuses, a fim de evitar que eles ascendessem aos mesmos poderes do deus Sol.

Ísis, irmã e esposa de Osíris, e filha dos deuses Geb e Nuit, deu início à empresa de conhecer todas as palavras do universo, na qual obteve relativo sucesso, por faltar-lhe, por derradeiro, o nome secreto de Rá, que a tornaria igual em sabedoria e poder ao deus primitivo. Evidentemente, o deus Sol não permitiria que seu nome fosse conhecido de bom grado, e faltando força à grande mãe, restou-lhe a astúcia e o embuste como métodos eficazes para a consecução de seus anseios.

O tempo fez de Rá um velho decrépito que, ao longo de sua revolução solar pelo orbe terrestre, babava, assinalando sua senilidade. Ísis, utilizando-se do ardil que lhe era caro, apossou-se do licor deixado pelo Sol e serviu-se dele para criar uma serpente de potente veneno. Sem dar-se conta do perigo a que estava exposto, o deus Sol percorreu seu

---

45. Cf. MACKEY, Albert G., A new and revised edition an encyclopedia of free-masonry and its kindred sciences, Vol. I, 1914a, p. 49.

48 | *Da Fórmula dos Deuses Mortos*

caminho costumeiro, sem maior prudência do que a usual e, quando interceptado pela serpente que lhe espreitava, foi ferido de morte.

Após gritos de dor e sofrimento, a astuta deusa apressou-se em celebrar um acordo: o antídoto em troca da palavra. Tal era a condição de Rá em sua moléstia, que outra não podia ser a sua resposta. Não obstante, seu nome não podia ser pronunciado, de modo que o Sol teve de comunicá-lo diretamente ao coração de Ísis, conferindo à deusa poderes sobre todas as coisas do universo, inclusive sobre ele.[46]

No mesmo sentido, os Persas acreditavam que a palavra HOM teria criado o mundo e o nome sagrado da divindade na Índia, a palavra AUM ou OM, manifestada como Brahma, Vishnu e Shiva, era proibido de ser pronunciado.[47]

Sob essas lendas, reformuladas por muitos credos, em épocas e lugares diversos, a Maçonaria tomou emprestado as bases que serviram de esteio à fábula da Palavra Perdida do Mestre Maçom, que buscamos em nossas Lojas, enquanto nos servimos da palavra substituta.

Os rituais da Maçonaria se assemelham a tapeçaria de Penélope, feitos pela manhã e desfeitos à noite. A nau da sabedoria maçônica ficou à deriva pela entrega do seu leme a mãos débeis, e os ventos da ignorância guiaram nossa embarcação até o choque avassalador com as rochas da vulgaridade, partindo a proa. Se não fossem os reparos de eminentes irmãos do passado e a boa fortuna da preservação

---

46. Cf. PHILIP, Neil, Mitos e lendas em detalhes: as mais fascinantes histórias do mundo examinadas e reveladas, 2010, p. 14.

47. Cf. PIKE, Albert, op. cit., 1871, p. 204-205.

de alguns documentos, os fundamentos da liturgia maçônica teriam naufragado em meio à dúvida e ao erro.

Herdamos a versão da palavra sagrada, atualmente utilizada no terceiro grau, de quando apenas dois graus eram praticados na Maçonaria. Ela foi preservada no Sloane MS., de c. 1700, embora fosse grafada e pronunciada de maneiras diversas. Passados pouco mais de 60 anos já existiam, pelo menos, 8 versões diferentes da palavra sagrada do grau de Mestre, vindas a público através das Antigas Obrigações e das publicações espúrias.[48]

Maha-Byn (Sloane MS., c. 1700)

Matchpin (Trinity College, Dublin MS., 1711)

Maughbin (A Mason's Examination, 1723)

Magboe e Boe (The Whole Institutions of Free-Masons Opened, 1725)

Machbenah (Masonry Dissected, 1730)

Mag Binach (John Coustos to the Portuguese Inquisition., 1743)

Macbenac (Catechisme des Franc-Maçons, 1744)

Mak-benak (L'Ordre des Franc-Maçons Trahi, 1745)

Mahhabone (Three Distinct Knocks, 1760)

Mahhabone ou Macbenack (Jachin and Boaz, 1762)

Mahhabone ou Macbenac (Shibboleth, 1765).[49]

As publicações espúrias de 1760 a 1762 indicam que as palavras eram pronunciadas diferentemente pelos membros das Grandes Lojas rivais, de modo que os antigos se

---

48. Cf. CARR, Harry, op. cit., 2012, p. 37.

49. DE HOYOS, Arturo, The scottish rite ritual monitor and guide, 2010b, p. 98.

utilizavam das terminadas em "n", e os modernos o faziam com as terminadas em "ch", "ck" e "k".

Pacificou-se o entendimento de que essas palavras são de provável origem hebraica, muito embora corrompidas pela ignorância e o mau uso das mesmas, sua pronúncia e grafia corretas se perderam entre as diversas variações apresentadas, o que torna imprudente a adoção de uma delas como verdadeira.[50]

Contudo, tal empresa não é inglória, haja vista que, conforme é ensinado, a palavra substituta, pronunciada aos pés do esquife improvisado do nosso infeliz Mestre, no âmago mais profundo de seu significado, preserva e guarda a verdadeira palavra que nos propomos a buscar na Câmara do Meio.[51]

Muitos, antes de nós, se debruçaram sobre esse mistério, a fim de obter para si e nossos irmãos, uma tese que respondesse, com o mínimo de coerência, às suas dúvidas mais profundas sobre o tema. O Ir∴ Albert Pike divide a palavra sagrada em outras duas palavras hebraicas, מחבא [Mackh--ba], que significa "cobertura, ocultação ou esconderijo", e נך [Nakah], que significa, "machucado, golpeado, ferido, abatido ou morto". *Makhbenak* é, portanto, o esconderijo do assassino, ou mais precisamente, o lugar onde o cadáver da vítima foi escondido.[52]

---

50. Cf. CARR, Harry, op. cit., 2012, p. 37.

51. PIKE, Albert, O pórtico e a câmara do meio, 2008, p. 177.

52. Cf. DE HOYOS, Arturo, op. cit., 2010b, p. 99.

Todavia, conforme expôs o Ir∴ Delaunay, *Makhbenak*, não é a versão original da palavra sagrada do Mestre Maçom. A grafia hebraica mais antiga dessa palavra é *Mahhabone*, uma derivação de מואב [MOAB], cujo significado é pai; porque Moab nasceu da relação incestuosa de Ló com sua filha mais velha (Gênesis, Capítulo 19, versículos 36-37).[53]

A Maçonaria, ao adotar essa palavra, na conjuntura em que lhe serve, expressa que o Mestre Maçom, ao ser exaltado a essa condição, assume a posição de filho e herdeiro de Hiram Abif, seu pai adotivo e restaurador.[54]

Muitos creem que a alegoria da palavra perdida representa a imersão do mundo nas trevas, ocasionada pelo solstício de inverno, ou a morte aparente do Sol, do qual nosso amado Mestre é símbolo. O Ir∴ Ragon disse:

> O sol, no solstício de verão, inspira palavras de agradecimento e hinos de reconhecimento, e seu benéfico calor parece descer como línguas de fogo, falando a nossos sentidos. Hiram, que lhe representa, e assim é quem possui e pode dar a palavra sagrada, o que quer dizer, a vida [...].[55]

Ainda que o contexto confira veracidade ao exposto, o sentido da alegoria é muito mais profundo. A restauração da palavra, pelo estudo e manutenção de sua substituta, leva o Maçom à elevadíssima compreensão dos mistérios que cercam sua própria existência e a essência da própria natureza.

---

53. Cf. L'AULNAYE, François-Henri-Stanislas de, Thuileur des trente-trois degrés de l'ecos-sisme du rit ancien, dit accepté, 1813, pp. 15-16.

54. Ibidem.

55. RAGON, Jean-Marie, op. cit., 2010, p. 57.

O registro mais antigo da grafia hebraica original da palavra, à nossa disposição, foi publicado na obra *Three Distinct Knocks*, de 1760. Todavia, a palavra sagrada foi grafada incorretamente מהבנ[56], por ter sido redigida com נ [nun] em lugar de ן [nun final], apesar de, crermos, ter se dado propositalmente, uma vez que existem profundas implicações no seu significado, cujo erro parece indicar.

A Qabalah estabeleceu que as palavras de mesmo valor são equivalentes em seus significados e se auxiliam mutuamente na revelação das ideias que expressam. Quando, a título de exemplo, vemos no livro de Gênesis a sentença יבא שילה [IBA ShILH], que significa, "virá o salvador", cuja soma é 358, notamos que se trata do mesmo valor da palavra משיך [MShICh], isto é, "Messias"; indicando que o Messias é o salvador.[57]

É notável que o erro cometido na redação dos primeiros rituais foi proposital e pretendia indicar correspondências simbólicas, e não a ignorância dos autores do terceiro grau. Mesmo a palavra grafada com a variação de sua letra final – que altera seu valor – pode ser somada com a que é comumente empregada. Assim, מהבן [Mahhabone], escrita corretamente no ritual, poderia valer 747[58] ou 97[59], a depender das correspondências

---

56. Cf. W-O-V-n, The three distinct knocks, or the door of the most ancient free-masonry, opening to all men, s./d., p. 67.

57. Cf. MATHERS, Samuel Liddell Macgregor, Introdução à obra a kabbalah revelada de Knorr Von Rosenroth, 2009, p. 28.

58. A soma total dos valores é 747, considerando que na gematria hebraica os valores das letras que compõem a palavra [Mahhabone] [מהבן]: mem (40), he (5), beth (2) e nun final (700).

59. Com a alteração do nun final (700) para o nun (50), os valores se alteram substancialmente, assim: mem (40), he (5), beth (2) e nun (50); totalizando 97, como valor da palavra [Mahhabone] [מהבן].

que pretendêssemos estabelecer. A grafia adotada pretendia deixar uma pista sobre as verdadeiras intenções dos redatores dos rituais, a saber: estabelecer a conexão dos glifos ocultos entre a palavra verdadeira e sua substituta.

Entre outras correlações pertinentes[60], מהבן [Mahhabone] guarda relação com as expressões "tijolo" ou "telha" [לבי נה][61] e "arquiteto" ou "construtor" [מבנה][62], assaz óbvias, dentro do contexto elucidado, dispensando exposições mais elaboradas.

Há outras duas correspondências, todavia, que poderiam preencher todo um tratado sobre seus fundamentos e postulados sem ser suficiente para esgotá-las, tamanha é a complexidade do tema. Nossa palavra sagrada também se afina à palavra אמון [AMON][63], o deus carneiro do Antigo Egito. Em princípio, reverenciado como Deus Supremo do Baixo Egito, intitulado "o Senhor Celestial, que lança Luz sobre as coisas ocultas", o deus Sol. Ele era a fonte da vida divina e de todo o poder e encerrava em si todos os adjetivos que os sábios do Oriente atribuíam a deidade. Ele era o *Pleroma*, a plenitude de todas as coisas, pois em si tudo existia e pela emanação de sua glória, todas as coisas do universo foram criadas.

---

60. Cf. CROWLEY, Aleister, Sepher Sephiroth, 2000, p. 15.

61. Tijolo ou telha [לבי נה], foi calculado considerando: lamed (30), beth (2), iod (10), nun (50) e he (5).

62. Finalmente, Arquiteto ou Construtor [מבנה]: mem (40), beth (2), nun (50) e he (5).

63. O cálculo do nome Amon [אמון], foi feito considerando: aleph (1), mem (40), vau (6) e nun (50).

Adorado sob a forma do carneiro, pela importância que este signo celestial desempenhava naquela cosmogonia, pelo seu Pensamento Primitivo [Ennoia] ou Espírito [Pneuma], externado por seu verbo, deu causa a todo o universo.[64]

Existe também paralelo entre a senha do mestrado maçônico e a expressão hebraica בן אדם [BEN H'ADAM][65], ou, "o filho do homem". O Verbo criador do universo, segundo o pensamento gnóstico, é o agente que opera e desempenha a Vontade do Ser Supremo, e por seu intermédio a Mônada Primitiva manifesta todos os Seus poderes e Atributos. Ele é o primeiro modelo, com o qual se estabeleceu a espécie humana e, por esta razão, é seu protetor e guia.[66]

Ao considerarmos que, conforme se depreende do melhor pensamento maçônico, a Palavra Perdida está encerrada no significado de sua substituta, é imprescindível perscrutar ambas em paralelo para superar a obscuridade comum e atingir nosso desiderato. A "Palavra do Maçom", que era dada

---

64. Cf. PIKE, Albert, op. cit., 1871, p. 253-254.

65. A soma desta expressão, foi feita considerando: beth (2), nun (50), aleph (1), daleth (4) e mem (40).

66. Cf. PIKE, Albert, op. cit., 1871, p. 280-281.

aos Aprendizes na Maçonaria Operativa do sec. XVI, provavelmente é a ancestral da Palavra Perdida do terceiro grau, embora não saibamos com certeza o que ela representava.[67] Já em 1691, o pastor Robert Kirk escreveu:

> A palavra do Maçom, a respeito da qual alguns fazem mistério, não querendo esconder o pouco que eu sei, é uma espécie de tradição rabínica no sentido de um comentário sobre Jachin e Boaz, as duas colunas erigidas no Templo de Salomão.[68]

A união da natureza consigo mesma é um dos maiores mistérios da teologia dos antigos, que originou os cultos prestados ao *falo* e a *cteis*. O *lingam* da Índia é um entre os muitos símbolos primitivos que representavam os órgãos masculinos e femininos unidos na prática sexual, como símbolos da fertilidade universal, e como eles também fizeram os egípcios, assírios, persas e gregos, em seus próprios cultos, elevando esses princípios ao patamar dos cultos universais da natureza.[69]

Em nossos templos, representamos esses princípios e seu equilíbrio por meio dos pilares que guardam o pórtico. Os quatro filhos de Lamec – entre eles, Tubalcaim, predecessor do ofício empreendido por Hiram Abif – temiam que o mundo sucumbisse pelo fogo ou pela água, e em razão disso, construíram dois pilares, um de tijolos de argila e outro de mármore, onde encerraram os segredos das ciências para

---

67. Cf. DE HOYOS, Arturo, Symbolism of the blue degrees of freemasonry: Albert Pike's "Esoterika", 2008, p. 141.

68. BAUER, Alain, O nascimento da franco-maçonaria: Isaac Newton e os newtonianos, 2008, pp. 26 e 27.

69. Cf. DUPUIS, Charles François, op. cit., 1821, pp. 55-58.

a posteridade, conforme registram as Antigas Obrigações:

[...] Tenham em mente que Tubalcaim, seu filho, inventou o ofício de ferreiro e os outros ofício de ferro, do bronze, do ouro e da prata, como dizem os eruditos. [...] Ocorreu que os três irmãos souberam que Deus queria se vingar do pecado, por meio do fogo ou por meio da água. Eles se puseram a procurar como poderiam salvar os ofícios que acabavam de inventar. Fizeram um conselho e, depois de longas deliberações, procuraram uma pedra que tivesse a virtude de não queimar. O mármore é essa pedra. Procuraram outra que não dissolvesse na água. Tijolo é seu nome. Sua ideia era gravar as artes inventadas por ele sobre as duas pedras. Assim, se Deus punisse pelo fogo, o mármore não queimaria. Se Deus fizesse chover, o tijolo não dissolveria. Eles pediram a Jabel que entalhasse dois pilares nessas duas pedras, o mármore e o tijolo, e escrevesse nos dois as artes ou ofícios que juntos haviam inventado. Assim foi feito. Nós podemos dizer que Grande Sábio ele foi nas artes, pois ele começou e terminou sua obra antes do Dilúvio de Noé. Todos estavam persuadidos de que Deus iria punir, mas ignoravam se isso seria feito por meio do fogo ou pela água. Instruídos por uma profecia, souberam que Deus usaria um ou outro como castigo. Eles inscreveram sua arte sobre as duas colunas de pedra. Alguns dizem que eles gravaram nas pedras as sete artes, pois estavam persuadidos que a vingança não tardaria. De fato, Deus enviou Sua vingança. Ele fez cair um dilúvio que afogou o mundo. Todos os homens morreram, exceto oito que foram poupados. Noé e sua mulher, seus três filhos e suas mulheres. Os três filhos geraram o mundo. Eles tinham por nome, a saber, Sem, Cam e Jafé. Esse dilúvio foi chamado Dilúvio de Noé, pois ele e seus filhos salvaram-se dele.

Muitos anos mais tarde, diz a Crônica, foram encontrados esses dois pilares. O Polychronicon afirma que um grande sábio chamado Pitágoras encontrou um e o filósofo Hermes encontrou o outro. A partir de então, eles puderam ensinar as artes que eles haviam encontrado gravadas. Muitas são as crônicas e os sábios, e evidentemente o Livro da Lei, que falam da construção da torre da Babilônia, que vocês podem encontrar no Livro da Lei, no décimo capítulo do Gênesis. Cam, filho de Noé, gerou Nemrod que reinou sobre a Terra. Era um verdadeiro gigante que foi um grande rei. Seu reino era o célebre reino da Babilônica, Arac, Acad e Calane e a terra de Senaar. Cam queria construir a torre da Babilônia, por isso ele ensinou a seus operários o ofício da Maçonaria.[70]

Estes pilares foram os precursores daqueles que ornamentaram o Templo de Salomão e, consequentemente, são ancestrais daqueles utilizados atualmente nas Lojas Maçônicas espalhadas pelo orbe terrestre[71]. O ⊐ [beth], que é a casa do falo, representado pelo ' [iod], são as iniciais dos nomes com os quais as colunas vestibulares do Santuário foram batizadas,

---

70. COSTA, Wagner Veneziani, Maçonaria – escola de mistérios: a antiga tradição e seus símbolos, 2006, p. 70-75.

71. Cf. CARR, Harry, op. cit., 2012, p. 196-197.

58 | *Da Fórmula dos Deuses Mortos*

e simbolizam o princípio que reside em cada um deles e o equilíbrio gerado pelo seu amparo e harmonia. בעז [B∴] e יאחי [J∴] somam 79[72], isto é, partilham da mesma essência uma da outra. Mais do que isso, as palavras são equilibradas em si próprias, na medida em que a última letra de cada uma, ז [*zain*] e ן [*nun* final], são respectivamente, ativa e passiva[73] em contraposição à natureza original do pilar correspondente.

Os fenícios – e entre eles nosso Mestre Hiram – reverenciavam um culto similar. A primeira causa reunia em si tanto aspectos materiais quanto espirituais: um ar negro animado e impregnado pelo espírito, de um lado, e o caos disforme e revolto pela densidade da matéria, de outro. Do maniqueísmo desses hemisférios brotou o verbo, ou a palavra que originou a criação e por sua geração nasceu o filho da luz, o homem, que adorava o céu e os astros como o Grande Artífice.[74]

Assim também, para os Gnósticos, Deus era uma luz primitiva de onde tudo emanava. Seus poderes [*dunameis*], todavia, eram espíritos distintos Dele. Ao mesmo tempo, sua imagem era o verbo, uma forma mais brilhante que o fogo, também chamada de *Logos*, isto é, o veículo pelo qual Deus age no universo, podendo ser comparado à fala do homem.

O que os gnósticos conhecem por *Logos*, Platão chama de mundo das ideias. O verbo, seu sinônimo, é o modelo ideal criado pela Sabedoria [*Sophia*] do Construtor do universo, que lhe manteve junto a Si para torná-los realidade.[75]

---

72. Cf. CROWLEY, Aleister, op. cit., 2000, p. 12.

73. URBANO JÚNIOR, Helvécio de Resende, Manual mágico de kabbala prática. 2011, p. 77-79.

74. Cf. PIKE, Albert, op. cit., 1871, p. 278.

75. Ibidem, p. 251-253.

O Arquiteto, como o próprio título sugere, não criou o mundo material. Sua inteligência estabeleceu o modelo da criação que, mediante um agente secundário, realizou a obra. O poder procriador, também chamado de espírito, e a matéria fértil, emanaram Dele e doaram vida a toda a natureza. Em última análise, essas forças se ajuntam no íntimo do homem e da mulher e se manifestam como reflexo do dínamo de força que deu causa a toda a vida.[76]

O universo só é possível pelo mistério da balança, conforme nos ensinou o Zohar. O equilíbrio sustenta o edifício da criação e permite a continuidade da natureza. A Sabedoria e a Compreensão, ou a energia intelectual criativa e a capacidade de geração passiva, são as forças pelas quais os pilares da Árvore da Vida da Qabalah, um macho e outro fêmea, um ativo e outro passivo, são governados. O poder de geração e a capacidade de produção, são os pilares do Pórtico da Loja, os princípios que criaram, estabeleceram e governam o universo, ou os elementos pelos quais o Ancião dos Dias se faz cognoscível aos artefatos da criação.

Por isso, o Sol e a Lua são dispostos ao lado do Delta luminoso. A luz e as trevas, representando os princípios ativo e passivo, ganham forma e cor com os grandes regentes do dia e da noite e demonstram a natureza andrógina da deidade e o equilíbrio reverenciado pelas antigas teologias, que é gerador do mundo e da harmonia que o mantém. Por este motivo, também, esses hieróglifos situam-se no oriente: a luz maçônica almejada em toda iniciação é a compreensão mais profunda da natureza da própria divindade, mas disponível,

---

76. URBANO JÚNIOR, Helvécio de Resende, op. cit., 2012, p. 176 e ss.

60 | *Da Fórmula dos Deuses Mortos*

somente, aos que ascendem em compreensão e sabedoria nos segredos mais profundos.[77]

Para a Qabalah e as doutrinas de Zoroastro, todas as coisas que preenchem o universo emanaram de uma fonte infinita de luz, oriunda do Ser Primitivo, o Ancião dos Dias, que se revelou por intermédio de sua criação e vestiu o mundo, como um manto, para que os homens pudessem contemplar Sua face, ainda que envolta em um disfarce apropriado para a limitação de suas criaturas.

Antes disso, Ele preenchia tudo com sua luz e nela habitava, não havendo vácuo, apenas Ele. Foi preciso, para dar lugar à sua obra, e mostrar as Suas perfeições, o Rei Ancião da Luz recolher-se em si mesmo, fazer de tudo em volta de Si um espaço vazio e, por já cingir tudo o quanto viria a existir, manifestar-Se através de um raio de luz e assim unificar os poderes gerativo e conceptivo, que tudo integram e harmonizam.[78]

Estas verdades, contudo, não podiam ser desfrutadas pelas pessoas comuns, uma vez que a compreensão do vulgo abarca um Deus pessoal, assaz semelhante ao homem: tosco, ciumento, tirano, vingativo e pernóstico. A compreensão metafísica da deidade ocultou-se para sua própria preservação, e guardou-se apenas aos eleitos que detinham as chaves para interpretar seus arcanos mais obscuros. O verbo se perdeu, pois o homem dista do seu modelo, tanto quanto os faróis que iluminam as praias distam do Sol.[79]

---

77. Cf. PIKE, Albert, op. cit., 1871, pp. 304-307.

78. Ibidem, pp. 286-287.

79. Ibidem, p. 700.

Afastado da Luz Primordial, o homem comum dá as costas ao Sol que nunca se põe e adora sua sombra interposta projetada sobre seu orgulho, e se imagina tão semelhante a Deus; errando, ao não ascender pelos seus méritos, mas, sim, rebaixando a divindade ao conferir-lhe a vaidade, carência e engodo, que ele próprio possui. A genuflexão no corpo e a empáfia da alma constituem as regras cardeais do religioso de nosso tempo. Seu gozo mais íntimo é a suposição de que verá seus desafetos submersos no caldeirão escaldante das regiões infernais, enquanto ele desfruta de sua vingança póstuma do seu assento elísio, prêmio da adulação que prestou a um deus tolo o suficiente para atender aos apetites humanos pelo clamor dos seus bajuladores.

∴

O Rito Escocês Antigo e Aceito deve grande parte do êxito que goza hodiernamente ao trabalho do Ir∴ Albert Pike. Seus esforços como Soberano Grande Comendador, escritor e revisor dos Rituais dos Altos Graus foram fundamentais para a manutenção e o progresso da Maçonaria. Ele, entretanto, foi bem mais do que isso: suas contribuições aos graus simbólicos são tão relevantes quanto foram seus trabalhos para os Altos Graus.

Quase 25 anos atrás, o Ir∴ Arturo de Hoyos, Grande Arquivista e Grande Historiador do Supremo Conselho do Grau 33 da Jurisdição Sul dos E.U.A., obteve um manuscrito inédito de autoria do Ir∴ Albert Pike intitulado *"O Simbolismo dos Graus Azuis da Maçonaria"*[80], com a palavra *"Esoterika"*, curiosamente escrita com *"k"*, como observa o Ir∴ de Hoyos, escrita na lombada.[81]

Até então, só existiam duas cópias dessa obra: uma na biblioteca na Supremo Conselho da Jurisdição Sul e outra em Londres, enviada pelo próprio Pike. Isso se devia ao fato de que o autor contraindicava a disseminação de sua obra para "qualquer um que não está apto e qualificado para ensinar e instruir os seus Irmãos, e que não se propõe a usá-la como seu professor e instrutor".[82]

Não é sem razão que o Ir∴ de Hoyos afirma que a *Esoterika* "foi a mais convincente e inteligente exposição sobre a Loja Simbólica" que ele já encontrou[83]. Entre as muitas lições que ela cinge, a mais pujante – e talvez menos evidente – seja a eloquente opinião de Pike sobre a Palavra Perdida do Mestre Maçom, que guarda estreita relação com um detalhe aparentemente insignificante do Rito Escocês, mas fundamental a perfeita apreensão dos mais elevados segredos da Maçonaria.

Você ouviu, nas instruções do terceiro grau, que nossos irmãos suspeitavam que a Palavra Perdida fosse o Tetragrama

---

80. A expressão *blue lodges* (Lojas Azuis) corresponde ao que conhecemos no Brasil como Lojas Simbólicas.

81. Cf. DE HOYOS, Arturo, Following our puissant Pike, 2016, p. 23.

82. Ibidem, p. 24.

83. Ibidem.

Sagrado[84], יהוה [IHVH] cuja pronúncia só era conhecida pelo Sumo Sacerdote de Jerusalém.

Uma vez que o verdadeiro sentido dos símbolos se deteriorou com o tempo, não é de se admirar que as interpretações mais absurdas ganhem vulto e louros de sabedoria. A maldade, característica dos homens, fez com que as verdades espirituais precisassem se disfarçar, porque a intolerância manteve sempre afiada sua espada e pronta sua mira contra aqueles que não se nivelam as baixas mensuras da estupidez. É a lição cujo símbolo é Procusto, que mutila todos aqueles que não se assemelham às suas proporções.

O Nome Inefável, por isso mesmo, foi mantido oculto da intemperança vulgar tão comum aos homens e, para além de sua pronúncia, seu significado permanece encerrado no santuário íntimo da sabedoria, o verdadeiro mistério que o Mestre Maçom precisa desvelar.

> A verdadeira palavra de um maçom deve ser encontrada no profundo sentido oculto do nome inefável da divindade, transmitido por Deus a Moisés, cujo significado esteve perdido por muito tempo em função das precauções tomadas para ocultá-lo. A verdadeira pronúncia desse nome era, na verdade, um segredo no qual estava envolvido, contudo, outro segredo muito mais profundo: seu significado. Neste significado, está incluída toda a verdade que nós podemos conhecer, em relação à natureza de Deus.[85]

---

84. Cf. TRAVENOL, Louis, Catechisme des francs-maçons, 1744, p. 29. Cf. tb. Grande Loja Maçônica do Estado da Paraíba, Ritual do mestre-maçom, 2005, p. 95.

85. PIKE, Albert, op. cit., 1871, p. 697.

Com a publicação de *Le Catéchisme des Franc-Maçons* (1744), a Palavra Perdida do Mestre Maçom aparece grafada em hebraico, יהוה, em um delta posto na parte oriental do esquife no Painel da Loja do Grau de Mestre Maçom. Todavia, o texto em si fornece uma versão para a pronúncia da Palavra Sagrada, *Jehova*[86], utilizada no ano seguinte em *L'Ordre des Franc-Maçons Trahi*, já traduzida sobre o esquife do Painel do terceiro grau.[87]

À época do desenvolvimento da Maçonaria especulativa, e, por conseguinte, do surgimento do terceiro grau, o Renascimento foi terreno fértil para, entre outras coisas, o florescimento do hermetismo. Entre os *grimórios* medievais se distingue uma característica que se mantém até os dias atuais: a utilização de expressões, conjuntos de consoantes e vogais aparentemente absurdas e desconexas, que representavam o verdadeiro nome de uma divindade ou demônio, os nomes bárbaros de evocação[88]. A ideia de que as palavras são detentoras de poderes que influenciam a natureza e a vida

---

86. Cf. TRAVENOL, Louis, op. cit., 1744, p. 29.
87. Cf. DE HOYOS, Arturo, op. cit., 2008, p. 141.
88. Cf. HANEGRAAFF, Wonter J., Dictionary of gnosis & western esotericism, 2006, p. 723.

dos homens não é uma crença exclusiva desse período, mas, sim, encontra seus fundamentos em muitas épocas e culturas.

Considerando a Palavra Perdida do Mestre Maçom como um produto da época da fundação da Primeira Grande Loja, não nos interessa saber o que pensavam dela os Antigos Sacerdotes Hebreus, de modo que não é aí que reside o seu verdadeiro significado. Se desejamos conhecê-la, é mister escrutinar o que os autores do terceiro grau, entre 1723-25, desejavam expressar quando elegeram a palavra יהוה, *Jehova*, como o grande Mistério a ser buscado no mestrado maçônico.[89]

Como fica evidente, não é na compreensão dos antigos que devemos basear a nossa, mas, sim, na da Qabalah. Sabemos que a primeira edição da A Qabalah Revelada de Knorr Von Rosenroth foi publicada em 1644 e foi nessa obra que os nossos ancestrais buscaram os fundamentos e significados elementares da Palavra Perdida.[90]

O Nome Inefável da Divindade é, na verdade, composto de três letras, י [*iod*] ה [*he*] ו [*vau*]; a última apenas é uma repetição da segunda. Cada uma delas está relacionada a um dos atributos da Divindade, como é necessário a todo nome divino.

Na Árvore da Vida, cada uma dessas letras está organizada para se relacionar, com certa flexibilidade, a uma das *sephiroth* [emanações, atributos, potências] da divindade. A letra י [*iod*] se relaciona com a *sephira Chockmah*, que representa a Sabedoria Divina, também chamada de *episteme* pelos pitagóricos e *nous* na Filosofia de Platão. A letra ה [*he*] com a *sephirah*

---

89. Cf. DE HOYOS, Arturo, op. cit., p. 144.

90. Ibidem.

Binah, que representa o *Logos*, a Palavra. Finalmente, a letra ו [*vau*] representa *Tiphareth*, a beleza ou harmonia que mantém o universo ordenado; o cosmos dos gregos.[91]

A Qabalah ensina que as "três pessoas da divindade" são a tríade suprema da Árvore da Vida, *Kether, Chockmah* e *Binah*, que representam a Unidade Suprema, a Inteligência Divina e o Verbo, respectivamente.

Quando os antigos maçons tomaram consciência dos atributos divinos, desejaram preservá-los nos seus símbolos elegendo, para cada letra, um símbolo próprio do ofício, de modo a estabelecer uma correspondência satisfatória: Sabedoria [י], Força [ח] e Beleza [ו].

É por essa razão que o Rei de Tiro e o Arquiteto têm o mesmo nome: o *Logos*, intermediador da criação, é apenas uma extensão da Sabedoria Divina.[92]

Conforme você foi ensinado em nossas Lojas, a Palavra Perdida só poderia ser transmitida quando presentes o rei Salomão, o rei Hiram e Hiram Abif, ainda que os três conhecessem esse segredo.

Desde os nossos antigos rituais até a atualidade, são transmitidas em nossas cerimônias que as bases que sustentam a Maçonaria são três: הכמה [sabedoria], גבורה [força] e תפארת [beleza][93]. Diz-se, também, que esses três pilares correspondem, respectivamente, a Salomão, Hiram de Tiro e Hiram Abif. O Ir∴ Albert Pike observou que essas três colunas têm os nomes de três *sephiroth*, *Chockmah*, *Geburah* e *Tipharet*, dos pilares da Árvore da Vida. Esse glifo é tanto

---

91. Ibidem, pp. 145 e 148.

92. Ibidem.

93. Chockmah, Geburah e Tipharet, respectivamente.

uma representação do Universo, quanto do próprio homem e de sua consciência.

Ao mesmo tempo, sobre essas três colunas, o Nome Inefável da Divindade é escrito em representação aos quatro mundos da Qabalah: *Assiah* [עשיה], *Yetzirath* [יצירה], *Briah* [בריאה] e *Atziluth* [אצילות], correspondendo a יהוה, respectivamente.

Caso seja disposto o Nome Inefável da Divindade sobre a Árvore da Vida, perceberemos o sentido da assertiva: o homem foi criado à imagem e semelhança de Deus. Assim, os dois reis de nossa lenda e o nosso Respeitabilíssimo Mestre representam, como símbolos dos pilares da Árvore da Vida, atributos da natureza divina.

Se o pilar da Beleza for removido, a Palavra se perde e a condição divina do homem também. Assim, a morte de Hiram representa a perda do nome inefável, uma vez que o pilar da Beleza é excluído da Árvore da Vida.

O dever do Mestre Maçom de restaurar a Palavra é um símbolo da busca por nosso próprio progresso espiritual. Tanto é assim, que a marcha do Mestre Maçom representa, por seu movimento, a subida pela Árvore da Vida, passando do mundo material (Assiah) para o espiritual (Atziluth), ou, como dizemos, do esquadro ao compasso[94].

---

94. Cf. DE HOYOS, Arturo, op. cit., 2008, p. 152. Tivemos a oportunidade de receber essas lições do próprio Ir∴ Arturo de Hoyos, Grande Historiador do Supremo Conselho do Grau 33 para a Jurisdição Sul dos E.U.A., por ocasião da Palestra Esoterika: O Simbolismo da Loja Maçônica, em 14 de fevereiro de 2016, na cidade de Cajazeiras-PB, em evento da Academia Maçônica de Artes, Ciências e Letras do Estado da Paraíba. Elide do evento, entretanto, a exposição da ideia sobre a marcha do Mestre Maçom, que foi discutida, em outro momento, com os IIr∴ Arturo de Hoyos e Max Hager.

Painel do Grau de Aprendiz Maçom, dito "de Harris". Destaque para as três colunas presentes: sabedoria (jônica), força (dórica) e beleza (coríntia). (João Guilerme da Cruz Ribeiro)

Os pilares da Árvore da Vida: הכמה [sabedoria], גבורה [força] e תפארת [beleza], representando Salomão, Hiram, rei de Tiro e Hiram Abif, respectivamente. (João Guilerme da Cruz Ribeiro)

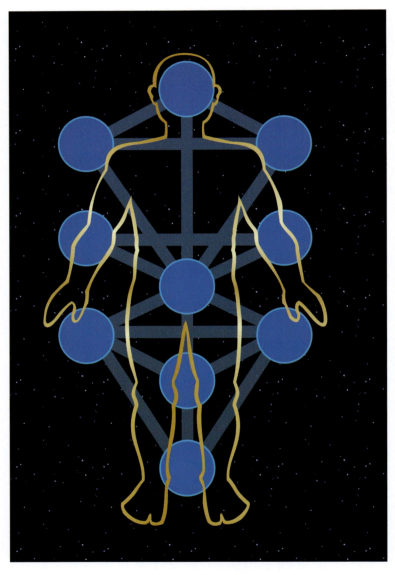

*A silhueta do homem sobre a Árvore da Vida,
um glifo de sua consciência e do universo.
(João Guilerme da Cruz Ribeiro)*

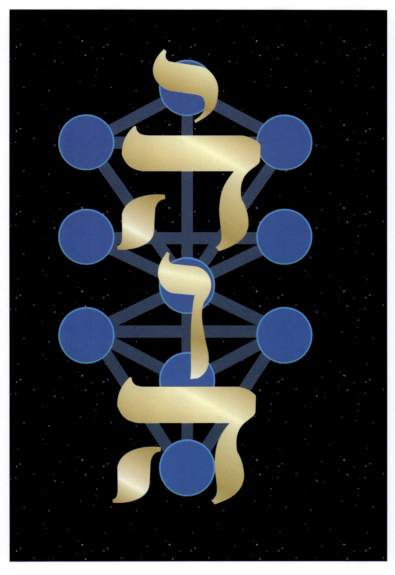

O nome inefável sobre a Árvore da Vida dá a ideia de que fomos feitos à imagem e semelhança de Deus. Além disso, é possível entender que sem o pilar da beleza o nome inefável se desfaz e a palavra, então, está perdida.
(João Guilerme da Cruz Ribeiro)

72 | *Da Fórmula dos Deuses Mortos*

Sephiroth

O árvore da vida e suas dez sephiroth [emanações], que representam os atributos da divindade: a coroa, sabedoria, entendimento, misericórdia, severidade, beleza, vitória, esplendor, fundação e o reino.
(João Guilerme da Cruz Ribeiro)

Eis aqui a explicação da lúgubre alegoria do mestrado maçônico: a Palavra Perdida, que nos propomos a buscar, sempre que abrimos a Câmara do Meio, é um símbolo para a reedificação do espírito divino no homem.

A descoberta dessa Palavra é um dos muitos atrativos que os Corpos dos Altos Graus oferecem aos seus proponentes. No Rito Escocês Antigo e Aceito, especificamente, a Loja de Perfeição, 4.º ao 14.º, reserva e guarda os mistérios que complementam a Lenda de Hiram. O ápice dramático dos Graus Inefáveis é a descoberta do Tetragrama Sagrado, a Palavra Perdida do Mestre Maçom, no 13.º gr∴ do Rito Escocês, Cavaleiro do Real Arco.

O Supremo Conselho do Grau 33 do Rito Escocês Antigo e Aceito para a Jurisdição Sul dos E.U.A. herdou o seu ritual do gr∴ 13 da Ordem do Real Segredo de Étienne Morin, preservado integralmente no *Francken Manuscript* de 1783, cujos originais estão em posse do Supremo Conselho da Jurisdição Norte. Nesse ritual, a Palavra Perdida, após sua descoberta, é devolvida a caverna sob o Templo e incrustada no pilar da beleza[95] que sustenta o *Sanctum Sanctorum*.

O Grau de Cavaleiro do Real Arco, 13.º, utilizado pelo Supremo Conselho Mãe do Mundo antes de 1853, quando começaram as revisões de Pike, é idêntico ao ritual pátrio no que concerne ao fato de que a coluna da beleza é a que sustenta o *Sanctum Sanctorum*[96], como também o fato do delta de ouro ter sido encrustado neste pilar:

---

95. Cf. DE HOYOS, Arturo, The mystery of royal arch word, 2003, pp. 210-211; Cf. tb. DE HOYOS, Arturo, op. cit., 2010b, p. 300.

96. Cf. DE HOYOS, Arturo, Masonic formulas and rituals transcribed by Albert Pike in 1854 and 1855, 2010a, p. 292.

74 | Da Fórmula dos Deuses Mortos

Prometeu Salomão construir o dito Templo em um quarto de anos do seu reinado, conforme o plano de Davi, seu pai. Debaixo do Templo, fez Salomão construir uma caverna, a qual denominou de Abóbada Secreta. **Erigiu nela um grande pilar de mármore branco, sustentando o Sanctum Sanctorum, e que, inspirado, sem dúvida, a chamou de Coluna da Formosura, pela beleza da Arca que sustentava.** [...]

Os dois reis, acompanhados dos três cavaleiros, desceram com o tesouro [o delta de ouro] pelo corredor oculto, através dos nove arcos, até chegarem a Abóbada Secreta. **Ali trabalharam juntos, com os braços nus e incrustaram a placa de ouro sobre o pedestal da Coluna da Formosura,** havendo-se julgado muito felizes por haverem completado tão gloriosa obra, finda a qual prostraram-se diante do Grande Arquiteto do Universo, elevando-lhe preces, adorações e homenagens [...]. *(Os grifos apusemos)*.[97]

Mas que cada um a encontre por si próprio. A crença de que o Nome Inefável da Divindade, se descoberta sua verdadeira pronúncia, investirá seu conhecedor com notáveis poderes, ou substituirá os frutos do esforço e da dedicação para o sucesso no progresso espiritual, são absurdas e indignas da razão e da Maçonaria. O que a busca e a descoberta da Palavra Perdida conferem ao Maçom é o direcionamento para a sua existência. Por essa razão, a Maçonaria não pretende ser detentora da versão correta e infalível dessa palavra; como sugere o Ir∴ Arturo de Hoyos, a expressão *Jehova* é, tão somente, a forma de ler o Nome Inefável proposta na Bíblia do Rei James.[98]

---

97. SOUSA, Ailton Elisiário de, op. cit., 1997, pp. 122-124.

98. Cf. DE HOYOS, Arturo, Scottish rite ritual monitor and guide, 2010b, p. 293.

A vida é, com mais frequência do que seria desejável, como um carro tocado por bons cavalos, mas tendo à boleia um cocheiro cego: as mais pujantes e íntimas forças da existência são inócuas quando destituídas do direcionamento apropriado. A Maçonaria intervém triunfante nesse mister. Com seus mistérios reconstruídos e suas lições enigmáticas, permite que seus adeptos atinjam níveis de compreensão só reservados outrora aos mais sábios Hierofantes; dá, ao verdadeiro Maçom, buscador da sabedoria, um repertório de ideias, que fundidas às suas próprias, amplia sua consciência para que veja o triunfo de seu espírito sobre os fantasmas da ignorância, da superstição e do fanatismo, banidos eternamente de sua consciência pela rutilância dos nossos Augustos Mistérios.

Capítulo III

De Formula Summa[99]

Os Discípulos de Zoroastro acreditavam na existência de um único deus, o princípio do Bem, Ahura Mazda, antagonista de Ariman, o princípio das trevas e do mal, ambos presentes na mente do homem, batalhando violentamente pelo domínio de sua alma. Essa crença não era exclusiva da Pérsia de outrora, hodiernamente, as religiões ainda conferem poder e influência aos demônios, sob a vida e a conduta dos seus fiéis. Antes deles, muitos outros povos defendiam-se, por rituais e litanias, das influências exercidas pelas inteligências inferiores, fossem elas imateriais, como o diabo, ou representadas por um evento astrológico, como o temor grego pela influência quente e delirante do verão, anunciado pela estrela Sirius.

---

99. "Da Suprema Fórmula"; título dado por Aleister Crowley ao Capítulo de 28 do Liber Aleph.

Esses credos parecem indicar que os homens sempre acreditaram na ambivalência de sua natureza. O peito do homem cinge em seu âmago o anjo e a besta, reclamando a totalidade do império da alma em que habitam. Ao sabor da influência de cada um, como um barco sem nau, o homem é sacudido como um fantoche num palco de escárnio, oscilando entre os hemisférios que lhe integram e rivalizam: repleto de júbilo pela manhã, para contorcer-se em momices que a bile de sua existência terrena lhe submete à noite; robusto defensor da justiça em favor dos seus, ao empertigar-se pela influência das belas lições que o mundo oferta, mas ainda assim, preso no charco da indolência, que lhe arrasta para o lodo; indulgente – quando muito – às ofensas superficiais que lhe atingem, para castigar, com os requintes de um inquisidor espanhol, quaisquer outras que reverberem em seu senso de importância. Ao observar a si mesmo, o homem, sabendo que seus semelhantes julgam o que veem e não as intenções de quem age, e que estas têm sempre duas faces, uma para o mundo e outra para si, serve-se da aparência para conseguir suas pretensões mais mesquinhas, pois sabe que a melhor máscara para a vilania é a virtude: a aparente humildade consiste na escada mais firme para galgar os altos postos que a sociedade reserva, sejam públicos ou privados; a beneficência serve como escudo ao governante corrupto, que oculta a pestilência de sua administração atrás da miríade de homens fatigados e famintos a quem compra a lealdade com o pão, como o pescador armado com o anzol e o verme faz com a truta; e a amizade, tão sagrada para os Maçons, serve ao homem profano para disfarçar seu ressentimento para atingir seu desafeto com a eficiência da proximidade.

O homem é um Midas às avessas, tudo o que toca corrompe: campo em pântano, virtude em vício e envida o máximo da razão para traçar os matreiros trâmites para prostituir a virtude na busca pelos prazeres que lhe ditam o apetite, a obediência cega da esposa para com o marido foi a mão que lhe conduziu a alcova do amante, conforme exemplificaram as sutilezas do teatro italiano.

Os Mistérios foram edificados pelos sábios da antiguidade a fim de conter a natureza tempestiva que se abriga na alma humana, assim como Orfeu, que trouxe para a Grécia os Mistérios de Baco, era conhecido por amansar feras com o som da sua lira. As leis que o Estado aprova não são nem podem ser totalmente eficazes, dando azo à criação de mecanismos de controle mais fortes. A administração do comportamento humano só pode ser feita enquanto o cerne da própria natureza for tolhido pelos obstáculos interpostos pela consciência que, diferente das leis humanas, sempre pune àqueles que se afastam da luz dos seus princípios.[100]

Estas cerimônias, com as formas relativamente similares que lhes filiam, transmitem mais do que uma origem comum às teologias antigas e modernas, pois ensinam a verdadeira religião, que confere as chaves do Santuário divino. A representação dramática dos caminhos do homem sobre a terra pela imagem de um único herói que cinge toda a humanidade, com todas as vicissitudes e opróbrios que castigam a vida, tinha seu ápice na sua morte e posterior ressurreição.

Suas crenças, todavia, não eram destinadas às pessoas comuns, pela condição intelectual e moral em que a maioria

---

100. Cf. DUPUIS, Charles François, op. cit., 1821, pp. 329-330.

delas estava imersa. O segredo era a lei inviolável desses Mistérios, gerando as consequências mais terríveis, na hipótese de sua inobservância. Ainda assim, o verdadeiro segredo não podia ser transmitido. Por mais eloquente que seja o mestre e instrutor, e mais dedicado o seu aprendiz e discípulo, este não poderá receber os segredos que lhes são transmitidos, a menos que sua consciência ofereça a intuição necessária para que seu intelecto contemple as grandes verdades que se ocultam dos profanos. A comunicação dos segredos da natureza pela via vulgar é tão exitosa quanto a narrativa das matizes da aurora para um cego de nascença. Na descrição da sua iniciação, Apuleio expressou o que fazemos por outras palavras:

> O grão-sacerdote afasta em seguida os profanos, me faz revestir de um manto de linho cru e, tomando-me pela mão, leva-me até o mais profundo do santuário. Sem dúvida, amigo leitor, vossa curiosidade quererá saber o que foi que se disse, o que foi que se fez depois. Eu o diria, se me fosse permitido dizê-lo; e você ficaria sabendo, se fosse permitido sabê-lo. Mas isso seria um crime do mesmo grau tanto para os ouvidos confidentes, quanto para a boca reveladora. Se, contudo, é um sentimento religioso o que vos anima, eu sentiria escrúpulos de atormentar-vos. Ouvi e crede, pois aquilo que lhe digo é verdade. Toquei nas portas da morte; meu pé pousou no limiar de Prosérpina. Na volta, atravessei os elementos. Na profundeza da noite, vi brilhar o sol. Deuses do inferno, deuses do Empíreo, todos foram vistos por mim face a face, e adorados de perto. Eis o que tenho a vos dizer, e nem por isso ficastes mais esclarecidos.[101]

---

101. APULEIO, Aulo-Gélio, Obras completas com a tradução em francês, 1842, p. 41 apud BOUCHER, Jules, A simbólica maçônica, s./d., p. 273.

O mesmo pode ser dito sobre o terceiro grau. Seus Mistérios só se revelam aos que estão aptos a compreendê-los. Só os homens que partilham do destino do Sol, que desceram ao Hades, para elevar-se pelo impulso íntimo mais profundo, podem aspirar ser Mestres Maçons.

Além da representação do ovo como símbolo do universo, os Hierofantes do passado transmitiam os segredos das forças ativa e passiva da natureza. O Céu e a Terra eram os deuses adorados na Samotrácia, as forças criativa e conceptiva universais, também chamadas de *falo* e *cteis*, que juntas no coito sexual foram adoradas na Índia sob o nome e a forma do *lingam*.

Os Antigos Mistérios ocupavam-se também da cosmogênese e da imortalidade da alma. A Via Láctea cruza o Zodíaco nos dois pontos dos signos tropicais: Câncer e Capricórnio, chamados pelos antigos de "Portões do Sol". Eles acreditavam que por esses signos as almas dos homens desciam das regiões celestiais e daqui regressavam para lá. O Portão de Câncer foi chamado de "portão dos homens", por ser o umbral do plano material; e o Portão de Capricórnio foi chamado de "portão dos deuses", por ser o percurso de regresso à deidade.[102]

A alma, para eles, não pertencia a este mundo material, onde vivemos. Inclinando-se ao desejo de animar um corpo físico, a alma que outrora habitou entre as estrelas fixas, nos recônditos mais rutilantes do cosmos, caiu e foi aprisionada à matéria. Evidentemente, esse processo não se operou tão rapidamente quanto faz crer o que expomos. Para chegar ao

---

102. Cf. MACRÓBIO, Comentario al sueño de escipión, 2006, p. 222.

corpo físico, as almas sofreram três degradações ou mortes causadas pela atração entre elas próprias e seu desejo de encarnar. A descida até as regiões inferiores não permitia que a essência da alma se expressasse com perfeição, pelas limitações impostas pelo corpo físico. A razão, instrumento humano que mais se aproximava da essência anímica, era considerada o instrumento pelo qual o homem ascenderia até sua perfeição primitiva[103]. O caminho de volta consiste, portanto, em purgar-se pelo sofrimento e pelas limitações do corpo físico e fazer das almas tão puras quanto foram antigamente[104], para que regressassem à sua origem, a fonte puríssima dos fogos eternos, ou astros e estrelas, que emprestaram suas formas, redondas e esféricas, para aquelas.

Os dogmas teológicos divergiam quanto à encarnação. De um lado, defendiam que o exílio da alma para habitar a esfera terrestre era consequência das más ações que ela cometeu em um estado anterior. Outros acreditavam que enviar as almas para o nosso mundo se tratava de um mero capricho do Altíssimo. A Qabalah reuniu em si as duas doutrinas. Através da organização sobreposta em níveis de perfeição de quatro mundos: *Atziluth, Briarth, Yetzirath* e *Assiah*, isto é, o da emanação, o da criação, o das formas e o mundo material, respectivamente, fundamentaram sua tese. Todas as almas se originavam no Supremo Céu, o mundo de *Atziluth*, onde moram também os espíritos imortais e o Delta Luminoso. Da fonte na qual se origina, a alma pode descer por suas próprias falhas ou determinação do Altíssimo. Nessa, a alma se reveste

---

103. Ibidem, p. 235; tb. 238.

104. Cf. PIKE, Albert, op. cit., 1871, pp. 435-437.

com o fogo divino, de modo a não estar acessível à inferioridade da matéria, para retornar, tão logo tenha concretizado sua missão. Por outro lado, ela pode cair pelas falhas de sua própria natureza, vagando de mundo em mundo até que se torne absolutamente insensível à percepção das coisas divinas, inclusive a de si mesma, atraída pelo seu próprio peso até o mundo de *Assiah*.[105]

A pedra cúbica é o símbolo do qual nos valemos para assinalar a perfeição moral e o caminho da regeneração, como os alquimistas se serviram para simbolizar a pedra filosofal. As arestas que foram removidas são os defeitos que degradam nossa natureza: ira, orgulho, vaidade, cobiça, avareza e toda a horda de desejos incontroláveis que emanam do peito humano, como a nascente de um rio, são as parcelas que o maço e o cinzel, isto é, a força de vontade e a razão afiada devem excluir da natureza imperfeita que adquirimos neste plano.

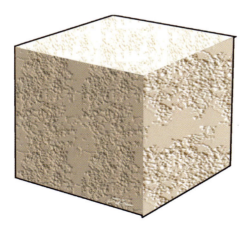

---

105. Ibidem, pp. 439-440.

A estrela do dia é o astro mais importante nas teologias porque os homens sempre acreditaram que seu declínio e triunfo acarretavam o nosso. Por isso que, sob diversos embustes e nomes, a alegoria que tem o Sol como objeto e sua marcha progressiva através do Zodíaco, tornou-se o centro simbólico dos cultos das grandes religiões da humanidade. Baco, Osíris, Mitra, Adônis, Átis e Cristo são máscaras dadas ao Sol para representar os seus Mistérios, com sua morte e triunfo equinocial.

Os mistérios de Osíris e Ísis serviram de modelo aos de Baco e Ceres. A similaridade entre as viagens empreendidas por Ísis e as aventuras pelas quais Ceres teve de passar em busca dos pedaços dilacerados de seu filho, bem como os poemas sobre Osíris e Baco, narrando os ritos praticados em honra àquelas divindades, não deixam dúvidas de que o último copiou o primeiro.[106]

É verdade que muitas lendas foram copiadas umas das outras e todas aspiram à originalidade, mas há divergências gritantes, originadas, talvez, na multiplicidade de símbolos possíveis para representar um determinado evento natural.

Adônis, a título de exemplo, dista excessivamente dos seus iguais, nas narrativas que nos foram oferecidas pelos antigos. Nem conquistador, como Hércules; nem Rei, como Osíris; o Sol da Fenícia era representado como um jovem rapaz de elevada beleza, que granjeia o afeto de Vênus, em clara alusão aos efeitos arrebatadores do Sol da primavera, sob a natureza e os poderes da geração.

---

106. Cf. DUPUIS, Charles François, op. cit., 1821, p. 329.

Ferido por um javali, o infeliz deus Sol morre, descendo ao inferno e lá permanecendo por seis meses, para depois retornar aos braços de sua amada por igual período e neste ciclo perpetuamente[107]. Por mais evidente que seja a referência aos meses divididos pela alternância entre o inferno e o nosso plano e a morte e ressurreição, não parece clara a relação entre sua morte e a do Sol. A filiação de Adônis ao Sol se deu pelo fato de que sua morte ocorreu no outono e no inverno, quando o Sol diminui substancialmente sua potência; assim também seu regresso ocorria no triunfo vernal e na exaltação máxima do verão.

A lenda de Hiram adquire contornos mais significativos quando vista sob o prisma da mecânica celeste, em que o Sol, identificado como diversos deuses da antiguidade e representado em nossos Mistérios pelo Arquiteto do Templo de Salomão, vive sua paixão e transmite, pelas impressões filosóficas causadas pelas grandes revoluções solsticiais, prístinas verdades espirituais.

Entre as festas religiosas de maior relevância, certamente estão as equinociais e solsticiais, celebradas por diversos povos. No solstício de inverno, com pomposa solenidade, os chineses antigos faziam sacrifícios em honra a Chang-Ty, porque o Sol, após percorrer os doze palácios de sua revolução voltava a dar início à sua jornada. No início da primavera havia também um sacrifício especial, feito pelo imperador, chamado filho do céu, mas desta vez para agradecer as benesses recebidas da terra.

---

107. Cf. MACKEY, Albert G., op. cit., 1914a, pp. 22-23. Cf. tb. DUPUIS, Charles François, op. cit., 2006, pp. 344-345.

Os persas celebravam sua *neuruz*, ou festa em honra ao Sol, no equinócio vernal, quando a estrela do dia chegava ao signo de Touro, com instrumentos musicais e alarmante entusiasmo pela ressurreição do Rei da Luz.

Por sua vez, os egípcios antigos davam sete voltas em torno do templo, no solstício de inverno, e celebravam o equinócio da primavera como a época em que o fogo divino viria infundir suas bênçãos sobre a natureza.

Tais evidências são suficientes para demonstrar a importância desses eventos astronômicos para os povos da antiguidade. As duas celebrações mais importantes, sem dúvida, são o solstício de inverno, quando o Sol altera seu percurso, até então em queda, e empenhava-se em renascer, voltando sua luz e seu calor ao setentrião, e o equinócio de primavera, quando, sob o império dos signos da luz, torna os dias mais longos e influi sobre a agricultura, desenvolvendo a vegetação e trazendo brisas suaves. No solstício de verão, quando o Sol atingia o seu zênite ao norte, o mundo submergia em um calor escaldante, que ressequia a vegetação até que os homens ansiassem pelos suaves sopros primaveris e do outono.

Com o equinócio de outono eram chegadas as colheitas maduras, e os frutos, ainda que menores, eram mais doces. Mas as noites eram mais longas e frias, causadas pelo percurso do Sol em direção ao sul, como um presságio fatal que assinalava a chegada do inverno, a imersão nas trevas e o domínio do princípio do mal, que chegava trazendo em seu solstício o máximo declínio da vegetação, até que as parreiras mais frondosas se desfolhassem, e o Sol, atingindo o ponto mais baixo de sua carreira, dando a impressão de que permaneceria nesta marcha até se deslocar completamente de nosso mundo e nunca mais voltar a nascer.[108]

Surgiu da observação desses eventos, a necessidade da divisão do tempo; em princípio em dias, depois em meses e, finalmente, em anos. Para ilustrar o percurso do astro do dia, as estrelas foram agrupadas sob designações mais ou menos arbitrárias, fundamentadas tanto na natureza quanto em artifícios para imprimir na revolução anual, com as suas renovações, desdouros e percalços, diversas figuras terrestres que demonstrassem a compreensão dos povos daquele tempo.

Os etíopes chamaram as estrelas que geriam a cheia do Nilo de Estrelas da Inundação, ou que vertiam água (*Aquarius*). As estrelas que assinalavam a chegada do Sol ao trópico norte e o início do seu retrocesso rumo ao sul foram chamadas, pelo movimento retrogrado peculiar, de caranguejo (*Cancer*). No percurso rumo ao outono, sobretudo no ponto médio entre o norte e sul de sua jornada, o equilíbrio entre o dia e a noite fez com que o conjunto de estrelas desta época fosse batizado de Estrelas da Balança (*Libra*). O leão do deserto, que compelido pela sede causada pelo calor do verão, dirigia-se ao Nilo para saciar-se, foi o modelo que batizou as Estrelas de Leão (*Leo*). Chegando o Sol à época das colheitas, a moça colhedora, carregando em suas mãos as espigas de trigo que extraía da terra fecunda, foi a referência que nomeou a constelação de Virgem (*Virgo*). Em fevereiro, o Sol brilhava ardente sobre as ovelhas que pariam suas crias, dando o nome de carneiro (*Aries*) à constelação desta época

---

108. . Cf. DUPUIS, Charles François, op. cit., 1821, pp. 30-31. Cf. tb. PIKE, Albert, op. cit., 1871, pp. 444-445.

88 | *Da Fórmula dos Deuses Mortos*

do ano. Em março, o boi com a canga e o arado foi o modelo que deu o nome às Estrelas do boi (*Taurus*). E os répteis e animais peçonhentos do ardente deserto foram representados pelo Escorpião (*Scorpio*).

∴

Igualmente, a Estrela Cão (*Sirius*) recebe este nome, pois, na iminência da cheia do Nilo, seu nascimento no horizonte avisava ao lavrador, como um cão que avisa seu guardião sobre algum evento relevante com seus latidos, que chagara o tempo da inundação.[109]

O Sol, ao final de cada ano, não atinge o ponto equinocial no equador sempre no mesmo instante, mas sempre alguns graus antes do ponto em que se encontrava do ano anterior, mais especificamente cinquenta segundos (50"), alterando sua localização no zodíaco a cada equinócio vernal, e com ela a relação entre os signos e as constelações que lhes correspondem. Pela precessão dos equinócios, o Sol atravessa todas as casas do Zodíaco em 25.656 anos. Por sua vez, de um signo para o outro leva 2.155 anos e 6 meses.

Apesar de que atualmente o signo do equinócio vernal seja o de Peixes, os Mistérios da Maçonaria estão sob a égide e os fundamentos do signo de Touro, isto é, quando o equinócio de primavera ocorria quando o Sol entrava no Boi celeste, em aproximadamente 2.455 a.C.[110]

---

109. Cf. PIKE, Albert, op. cit., 1871, pp. 445-446.

110. Ibidem, pp. 449.

2455 a.C.		
Equinócio Vernal	Touro	para Áries.
Solstício de Verão	Leão	para Câncer.
Equinócio de Outono	Escorpião	para Libra.
Solstício de Inverno	Aquário	para Capricórnio.
300 a.C.		
Equinócio Vernal	Áries	para Peixes.
Solstício de Verão	Câncer	para Gêmeos.
Equinócio de Outono	Libra	para Virgem.
Solstício de Inverno	Capricórnio	para Sagitário.
2016 [114]		
Equinócio Vernal	Peixes	para Aquário.
Solstício de Verão	Gêmeos	para Touro.
Equinócio de Outono	Virgem	para Leão.
Solstício de Inverno	Sagitário	para Escorpião.[115]

Na sua revolução, o Sol passava de Touro para Gêmeos e Câncer, e destes para Leão, quando atingia o limite máximo do seu percurso ao norte. Depois do Leão do deserto, seguia por Virgem e Libra, e chegava ao equinócio de outono, em Escorpião, viajando para o sul até chegar em Sagitário

---

111. O original da obra de Albert Pike data 1872, todavia como ainda continuamos sob os auspícios da mesma disposição prevista naquele tempo, convencionamos atualizar a data.

112. PIKE, Albert, op. cit., 1871, p. 450.

90 | *Da Fórmula dos Deuses Mortos*

e Capricórnio e indo até Aquário, concluindo sua jornada meridional.

As leis da mecânica celeste eram desconhecidas pelos povos da antiguidade e por isso eles temiam, com a inclinação do Sol se acentuando cada vez mais ao sul, que o Rei da Luz não voltasse a iluminar nosso mundo, que seria jogado nas trevas e governado por elas. A alegria do solstício de inverno se dava justamente pela libertação das influências malignas, as quais o Sol estava submetido sob a influência de Aquário e Peixes, só tendo fim, com a recepção amigável do Carneiro e a posterior exaltação no equinócio vernal, no signo de Touro, pelo regresso do esplendor dos dias. O Sol crescia em abundância e poder com a chegada do verão e anunciava a colheita que viria em seguida, mas junto a esta, chegavam os lamentos e as lágrimas, pois após o equinócio de outono, o terrível escorpião estendia suas presas venenosas sobre o Sol e junto com seus comparsas, o Centauro e o Caprino, arrastavam o Rei da Luz para baixo, até o solstício de inverno, representando sua queda ao inferno ou o reino das trevas, e lá ele permanecia por três dias, para novamente ascender rumo ao norte e redimir a terra da obscuridade do inverno.

Os antigos estabeleceram diversas filiações ao número doze, que demonstram a importância do seu significado, como os doze trabalhos de Hércules, os doze filhos de Jacó ou os doze altares de Jano. Em especial, os magos da Pérsia representavam o mundo como um ovo dividido em doze partes iguais, das quais seis pertenciam a Ormuz, o Princípio do Bem, deus da Luz; e seis estavam sob o governo de Ariman, seu antagonista e irmão, Princípio do Mal, deus das trevas. As parcelas que competiam a Ormuz representavam os seis palácios dos signos do Zodíaco e os seis meses em que estavam inseridos, compreendidos desde o equinócio da primavera até o equinócio de outono, e, pela influência que exerciam sobre a vida dos seres na terra, bem como pelo êxito no desenvolvimento da vegetação, esse período, acreditavam os antigos, estava sob os influência direta da Luz e do Bem; quando, pelo progresso na sua jornada, o Sol descia até os palácios inferiores e seguia pelas seis porções que abrangiam o outono e o inverno, ímpios destruidores de todo o progresso obtido nos meses e signos anteriores.[113]

A luz espalha os benefícios de seus poderes sobre a terra durante os seis primeiros meses do início do ano equinocial: Áries, Touro, Gêmeos, Câncer, Leão e Virgem, são os palácios sob os auspícios de Ormuz. Chegando em Libra, sobre a qual está situada a Serpente celeste que deu forma a Tifão, a Ariman e ao demônio dos cristãos, o Sol atravessa o umbral do reino das trevas e sofre os ataques que o outono e o inverno investem contra ele; até que, mais uma vez, retorne ao abrigo do Cordeiro reparador. Os antigos hebreus partilhavam dessa compreensão da natureza, uma vez que o livro de Gênesis encerra as suas alegorias com as chaves astrológicas: a chegada do outono, anunciada pela entrada do astro do dia na Balança celeste é chamado também *vendemiário*, isto é, o mês das colheitas e das maçãs, que serviram para ilustrar o pecado, o erro, as trevas, o mal e a queda do homem nos mitos daquele povo.[114]

---

113. Cf. DUPUIS, Charles-François, op. cit., 2006, p. 311.
114. Ibidem, pp. 312-313.

A lição derradeira desses mitos é que o mal e as trevas são introduzidos pelo outono e pelo inverno, com seu frio e escassez, que se opõem ao calor e fecundidade da primavera e do verão, que reparam o mal que fizeram e obliteram suas obras quando o deus Sol da primavera anuncia o seu regresso e reclama o trono do mundo e o império da luz sobre a natureza.[115]

O Sol, pela fábula estrutural que serve de Fórmula aos grandes cultos da natureza, recebeu o nome e a máscara de Osíris, e seu percurso, embate, paixão e triunfo ganharam formas.

Conta a lenda que Osíris foi um faraó egípcio que libertou seu povo de um estilo de vida bestial, ensinando-lhes a agricultura, a Jurisprudência e a importância em honrar e reverenciar os deuses. Então, ele civilizou toda a terra sem qualquer exército ou arma, valendo-se apenas de sua eloquência e sabedoria.[116]

Seu irmão, Tifão, pretendente do trono do Egito, desejava atentar contra sua vida, mas a firme vigilância de Ísis lhe impedia. O deus das trevas aliou-se a um grupo de setenta e dois conspiradores, junto a Cassiopéia, rainha da Etiópia. Depois de medir o corpo de Osíris, Tifão preparou uma opulenta arca, ricamente ornamentada, destinada a quem tivesse o corpo que melhor se adequasse nela. No décimo sétimo dia do mês de *Athýr*, ou treze de novembro do nosso calendário, quando o Sol passa pelo signo de Escorpião, Tifão preparou um banquete e levou vários candidatos a experimentar a arca, todos sem êxito; resolveu Osíris empreender-se sobre ela a fim de tê-la para si; quando, pelas dimensões perfeitamente

---

115. Cf. DUPUIS, Charles-François, op. cit., 2006, pp. 314.

116. Cf. PIKE, Albert, op. cit., 1871, p. 447.

medidas, o deus Sol entrou na arca, os partidários de Tifão apressaram-se em fechá-la com sua tampa e selar as chaves externas com chumbo fundido, para evitar a fuga do rei.

A arca foi atirada no Nilo e à deriva dirigiu-se a sua rama tanítica, chamada pelos egípcios de "a odiosa" e "a abominável", a leste do delta, domicílio das trevas, onde se encontrava com o mar.[117]

Ísis, após o monstruoso fratricídio, necessitava de auxílio para encontrar o ataúde onde Osíris estava encerrado; para tanto, ela buscou o cão guia, Anúbis, de quem ela cuidou, protegeu e ajudou, para que ele lhe fizesse o mesmo, na sua peregrinação pelo cadáver do deus moribundo.[118]

O curso do mar levou a arca com o corpo de Osíris até a cidade de Biblos, na Fenícia, onde o fluxo e refluxo das ondas lhe depositaram sobre um arbusto de *erica* que, depois de algum tempo, se transformou em um tronco frondoso que lhe envolveu e ocultou.

O rei de Biblos, impressionado com a beleza da planta, ordenou aos seus súditos que fizessem dela uma coluna para o seu palácio. Quando Ísis chegou até lá, intuiu a localização do féretro e transformou-se em andorinha para encontrar o túmulo do Sol.

Como seus predecessores, os eventos dessa fábula têm significados astronômicos dignos de nota.

A morte de Osíris pelas mãos do seu irmão representa a entrada do Sol no signo de Escorpião. Tifão e seus atributos serpentinos são uma clara referência à Serpente celeste, que se

---

117. Cf. PLUTARCO, Isis y Osiris, 1995, pp. 83-84.

118. Ibidem, p. 86.

localiza nas proximidades do signo de Escorpião e representa as influências destrutivas em diversas teogonias.

Frequentemente, para além da morte está a descida ao inferno, ou ainda a putrefação ou mutilação do cadáver, Osíris, após sua morte e descida ao inferno, converte-se em Plutão ou Serápis, quando o Sol entre no Ofiuco, ou o Serpentário.[119]

Quando o Sol encontra-se em um signo em especial a sua constelação não pode ser vista, por estar ofuscada pela estrela do dia; o signo que lhe faz oposição, todavia, emerge no horizonte quando o Sol tem seu ocaso, e com ele a constelação em que se encontra. Na descida do Sol no signo de Escorpião, nascia imediatamente oposto a ele a constelação de touro no leste para que a Lua cheia se unisse a ela; por isso que em memória de Osíris, Ísis mandou realizar uma procissão fúnebre em que os partícipes levavam um touro dourado coberto com um crepe preto.[120]

No primeiro dia após a celebração da morte de Osíris, os egípcios iam até o mar e lá formavam, com água e areia, uma imagem da Lua cheia, pois em cada mês ela buscaria seu esposo e revelaria uma parte da lenda. O Sol do Egito era visto pelo seu povo, junto a sua esposa, Ísis, a Lua, na união dos elementos que utilizavam para formar a imagem da regente da noite, representada pela terra enquanto o Sol em escorpião era representado pela água. Com a morte do Sol, eles acreditavam que a natureza era dirigida pela Lua.[121]

---

119. Cf. DUPUIS, Charles François, op. cit., 1821, p. 90.

120. Ibidem, p. 91.

121. Ibidem.

O *paranatellon* que se opõe a Escorpião, como já dissemos, é o Touro, que por sua posição entra no cone de sombra que a Terra projeta, emblema da terrível e opulenta caixa que Tifão confeccionou para ludibriar seu irmão; logo abaixo, situava-se o Nilo e, acima, a constelação de Perseu e do cocheiro, com suas casas e cabritos, esses mesmos representados por sátiros na fábula do Sol do Egito, que anunciavam a sua morte, ao verem o ataúde arremessado no Nilo.[122]

A busca pelo cadáver de Osíris representa a chegada da Lua cheia ao signo de Gêmeos, quando Ísis encontra duas crianças, presidentes do oráculo de Didime, que lhe indicou o caminho a seguir para alcançar seu destino.[123]

Quando a Lua cheia chegava a Câncer, chegavam também as constelações que lhe são conjuntas, bem como faz frente as que a ela se opõem, isto é, a coroa de Ariadne, o cão Procion e o Cão maior. É neste momento da lenda, que Ísis descobre que seu esposo deitou-se, por engano, com sua irmã, ao encontrar uma coroa que ele deixou na casa dela. Descobre, ainda, que dessa união foi gerado um filho, Anúbis, seu fiel guardião.[124]

Na cidade de Biblos, o rei e a rainha, ao saberem da presença de Ísis, que chora inconsolável em uma fonte, convidam-lhe para ser ama do seu filho, ou, dito de outra forma, a Lua entra no signo de Leão, cuja estrela Regulus é o rei, com quem conjuntamente surge o rio de Aquário e em

---

122. Ibidem, p. 92.
123. Ibidem.
124. Ibidem.

96 | *Da Fórmula dos Deuses Mortos*

seguida nascem Cassiopéia, a rainha, Andrômeda, sua filha e Perseu, seu filho.[125]

Nas funções de ama, Ísis amamenta a criança com o seu dedo e não com o seio; durante a noite, ela queima todas as partes mortais de seu corpo e se transforma em uma andorinha, para ruflar suas asas na coluna em que está ocluso o sepulcro do seu marido. A atuação de Ísis sobre si mesma, neste momento da fábula, representa a Lua cheia no signo de Virgem, também chamada de Ísis pelos egípcios.[126]

Após a descoberta do corpo, Ísis, a Lua cheia de Libra deixa Biblos junto ao filho mais velho do rei, ou a constelação de Perseu, e parte, em uma embarcação, representando a Nau celeste, para encontrar o pai adotivo de Hórus, ou o Boötes. Pela manhã, a Mãe da natureza seca o rio de Órion, de onde emanavam ventos muito fortes, para esconder nas suas margens o ataúde do Sol. Tifão, caçando um porco na Lua cheia, ou melhor, o dragão do polo, Píton, indo em busca da constelação do porco de Erimanto, descobriu o esconderijo do cadáver do seu irmão e lhe esposteja.[127]

Após 14 dias, a Lua chega ao signo de Touro e se une ao Sol. Ísis, após a reunião dos 14 pedaços do corpo mutilado de seu esposo, consagra um falo, e então Osíris ressuscita sob a forma de um lobo, ou de um cavalo, conforme as variações advindas do nascimento de ambas as constelações junto ao Touro, e socorre Hórus, seu filho e sua esposa, Ísis, para que possam destruir Tifão e restaurar a ordem do universo.

---

125. Ibidem, p. 93.

126. Ibidem.

127. Cf. Ibidem, pp. 93-94. Cf. tb. PLUTARCO, op. cit., 1995, p. 72.

Ísis entrega seu diadema ao seu filho, Hórus, e recebe, em lugar deste, um capacete de Touro. Osíris, atacado por seu irmão transformado em dragão, recebe o auxílio de Hórus, que se revela um guerreiro de poderes excepcionais, suficientes para derrotar o Princípio do Mal. O termo do ano equinocial se dá no momento em que o Sol e a Lua estão reunidos em Órion, ou com o astro de Hórus.

A Lua passa por Touro, Gêmeos e Órion, que se unem ao Sol para destruir todo o mal causado pelo inverno.[128]

Deodoro disse que o nome dado a Moisés por Deus foi I∴A∴Ω∴, e dessa forma O chamavam os judeus, conforme Teodoro de Mopsuéstia[129]. Também os gnósticos chamavam Cristo de I∴A∴Ω∴, epíteto dado ao Sol pelo oráculo de Claros[130]. Esse nome, todavia, encerra algo muito mais profundo do que as simples relações entre os deuses; ele é a Fórmula que estrutura todos os cultos solares que a humanidade já reverenciou.[131]

Na composição da Fórmula, Ísis, o princípio passivo, ou a força conceptiva da natureza, entesta com as baixas influências da escassez e da destruição e trava um terrível embate contra Apófis, a serpente inimiga de Rá, que os magos da Pérsia temiam ao conferir o nome de Ariman e os cristãos

---

128. Cf. DUPUIS, Charles François, op. cit., 1821, pp. 95-96.

129. Cf. PIKE, Albert, op. cit., 1871, p. 447.

130. Cf. DUPUIS, Charles-François, op. cit., 2006, p. 350.

131. A Fórmula do deus moribundo, hodiernamente chamado de I∴A∴Ω∴, ou da vida, morte e ressurreição encerra os estágios da *opus alchymicum* que são, para além de momentos de decomposição e recomposição da matéria, a vivência íntima do recipiendário para que, através do sofrimento e da morte, possa ressuscitar como iniciado. (Cf. BIAGGI, Vladimir, Encyclopédie de Franc-maçonnerie, 2000, s.p. apud MAXENCE, Jean-Luc, op. cit., 2010, p. 22).

receiam e tremem ao lhe filiar o porte grave do diabo, e que o iniciado, sabe tratar-se da Serpente celeste que emerge no horizonte junto ao signo de Libra, anunciando o outono, para a chegada do inverno e com ele, a morte, as trevas e o caos. A Fórmula se encerra, quando Osíris, o Sol, reparador, triunfa heroicamente sobre o mal e lhe subjuga.

A Fórmula de I∴A∴Ω∴ representa, portanto, a vida, morte e ressurreição e é o espírito que anima e vivifica as fábulas das religiões solares da humanidade.

Todavia, convém observar que entre a morte e a ressurreição há uma condição intermediária, a putrefação, como bem lembrou o Ir∴ Harry Carr[132]. Nas cerimônias do terceiro grau, o elemento mediador entre ambos passa desapercebido até pelos Maçons mais atentos, pela sutileza do ato em que se estriba sua interpretação. A inferência, cremos, é infinitamente mais fácil ao percorrer a jornada inversa para sua apreensão, isto é, da fórmula para o ritual.

---
132. Cf. CARR, Harry, op. cit., 2012, p. 35.

Os Vigilantes tentam, sem sucesso, erguer o cadáver do Respeitabilíssimo Mestre Hiram do seu sepulcro, arrancando, a cada tentativa, os dedos e o pulso do corpo; tal era a condição em que se encontrava o desditoso Mestre. Desde a publicação de Samuel Prichard, em 1730, a primeira espúria e mais antiga sobre o terceiro grau, há menção às condições do cadáver. A publicação, todavia, mais detalhada sobre a lenda de Hiram, foi publicada por Louis Travenol, com o título de *Le Catéchisme des Franc-Maçons*, em 1744, de onde extraímos o seguinte:

> [...] Um deles o pegou por um dedo, e o dedo veio em sua mão: tomou-o mais uma vez pelo outro, e o mesmo aconteceu, e então, tomando-o pelo pulso, este se separou do seu braço [...] aquele bradou Macbenac, palavra cujo significado entre os maçons é a carne se desprende dos ossos.[133]

Apolo, o Sol da Grécia, filho do Céu, destruiu a filha da Terra, a serpente Píton – anagrama de Tifão[134] –, representando com esta alegoria a vitória do Céu sobre a Terra, e a putrefação do monstro era a condição da vitória do Sol, ao considerarmos que este processo, conforme ensinaram os hermetistas de outrora, era resultado do calor aplicado sobre os corpos em decomposição[135]; a putrefação é a etapa necessária entre a condição urânica e a solar. Nas nossas cerimônias, a podridão do cadáver, como todo o restante,

---

133. TRAVENOL, Louis, op. cit., 1744, pp. 43-44. Cf. tb. CARR, Harry, op. cit., 2012, p. 35.

134. Tífon.

135. Cf. CHEVALIER, Jean; GHEERBRANT, Alain, Diccionario de los símbolos, 1986, pp. 863-864.

100 | *Da Fórmula dos Deuses Mortos*

tem sua razão de ser; o corpo de Hiram anuncia a vitória do Epopta sobre o Profano; a destruição do homem vulgar, para sua regeneração como Maçom.

A explicação da Lenda do Terceiro grau pertence à astronomia e à filosofia; distante delas, os fatos narrados são absurdamente ilógicos e controversos. A paridade entre as relações travadas entre dois reis e um simples arquiteto; a falta de tato deste último ao não valer-se de uma falsa palavra para salvar a própria vida; bandidos que escondem um cadáver e assinalam sua localização com um ramo sobre a terra removida são tão esdrúxulos que raramente ganham sentido, salvo quando à luz das exposições às quais nos filiamos. A astronomia empresta mais elementos à Maçonaria do que poderíamos expor. A Estrela Flamejante de nossas Lojas é a estrela Sirius, a mais brilhante do céu noturno; as três estrelas em linha reta que compõem a constelação de Órion, as cinco estrelas da Híades e as sete das Plêiades, todas presentes na abóbada celeste do Rito Escocês Antigo e Aceito, têm destinação simbólica na liturgia maçônica. O cinturão em linha reta só possui comprimento, mas não largura, e indica o princípio propedêutico fundamental da geometria: a extensão do ponto. As outras duas constelações e suas conclusões são próprias dos Companheiros e dos Mestres.[136]

Não resta dúvida de que a narrativa da fábula do Mestre Arquiteto pretende, finalmente, atingir a ressurreição, representada pela elevação do corpo da sepultura e o intento daqueles que assim procedem, a saber: a comunicação com o morto. Ao perscrutarmos as origens do terceiro grau,

---

136. Cf. PIKE, Albert, op. cit., 1871, pp. 486-487.

precisamente nos manuscritos de Graham de 1726, os c∴ pp∴ de perf∴ do Mestre Maçom foram utilizados por Sem, Cam e Jafé para descobrir no túmulo de seu pai, Noé, o símbolo ou sinal de sua Aliança com Deus. Por essas razões, o Respeitabilíssimo Mestre, ao elevar o corpo putrefato do Arquiteto, está repetindo um antigo ritual de ressurreição.

> Sem, Cam e Jafé reuniram-se junto ao túmulo de seu pai, Noé, a fim de descobrirem alguma coisa que lhes guiasse ao poder secreto que detinha esse famoso pregador. [...]
>
> Estes três homens já haviam combinado que se não encontrassem o verdadeiro segredo, a primeira coisa que descobrissem ocuparia o seu lugar. Estavam completamente seguros, pois acreditavam firmemente que Deus podia – e também queria – revelar Sua vontade, pela graça de sua fé, de sua oração e sua submissão; de maneira tal que o que descobriram se mostraria tão eficaz para eles como se houvessem recebido o segredo desde o princípio, de Deus em pessoa.
>
> Chegaram, pois, ao túmulo e não encontraram nada, salvo o cadáver quase totalmente putrefato. Pegaram-no por um dos dedos, que se desprendeu das juntas até o pulso e o cotovelo. Então, levantaram o corpo e o suspenderam colocando pé contra pé, joelho contra joelho, peito contra peito, bochecha contra bochecha e com a mão em suas costas, gritaram: *"Ajuda-nos, Oh Pai!"*. Como se houvessem dito: *"Oh Pai Celestial, ajuda-nos agora, pois nosso pai terreno não pode fazê-lo"*. Em seguida, repousaram o cadáver, sem saber o que fazer. Um deles, então disse: *"Só resta a substância óssea!"*. O segundo: *"Mas são ossos secos!"*, e o terceiro: *"fede!"* [...][137]

---

137. Cf. CALLAEY, Eduardo R., La masonería y sus orígenes cristianos: el esoterismo masónico en los antiguos documentos benedictinos, 2006, pp. 138-139. Cf. tb. CARR, Harry, op. cit., 2012, pp. 35-36.

102 | *Da Fórmula dos Deuses Mortos*

Nos mistérios do Antigo Egito, a barca solar de Rá descia às profundezas do mundo inferior no ocidente e realizava seu embate diário contra Apep, para renascer triunfante como novo dia e seguir o ciclo eterno de morte e ressurreição do Sol. Os três elementos da Fórmula de I∴A∴Ω∴ serviram de base a notáveis rituais, como o nosso terceiro grau e o de *Adeptus Minor* da Aurora Dourada[138]; e ambos trazem o mesmo ensinamento: os hieróglifos do regresso do homem após as mortes sofridas por sua alma ao plano das estrelas fixas.

As palavras exprimem seus significados e se alteram, conforme o tempo e o uso. Suas origens muitas vezes nos ajudam a compreender melhor seus significados atuais a partir dos originais e nos guiam para longe do erro e da vulgaridade. A palavra morte, por exemplo, é traduzida do latim *occident*, porque é no ocidente que as estrelas e o Sol têm o seu ocaso, ou sua morte, após nascerem no oriente. Da mesma maneira, ressureição é oriunda de *resurgere*, que significa o ato de um mesmo corpo retornar à vida, e originalmente pretendia indicar, tão somente, "levantar-se". As origens de ambas as expressões elucidam a compreensão das fábulas solares aqui descritas, máxime a da Maçonaria.[139]

Os três maus companheiros emboscaram Hiram nas portas do oriente, sul e ocidente, porque o Sol nunca segue o caminho do setentrião no hemisfério norte. *Jubel, Jubela* e *Jubelum* representam o outono e os seus signos: Libra, Escorpião e Sagitário, porque estes três ocupam o céu, no meio do outono, sendo o primeiro inclinado para o ocidente, o segundo para

---

138. Cf. REGARDIE, Israel, A golden dawn: (a aurora dourada), 2008, pp. 255 e ss.

139. Cf. RAGON, Jean-Marie, Cours philosophique et interprétatif des initiations anciennes et modernes, 1841, p. 161.

o sul e o terceiro para o oriente, de forma a justificar as três portas onde os assassinos aguardaram sua vítima.[140]

Seus nomes, entretanto, não guardam relações com estes signos. Os assassinos de Hiram, sejam eles chamados de *Jubel, Jubela* e *Jubelum*; *Giblon, Giblas* e *Giblos*; *Habbhen, Schterke* e *Austersfurth*; ou *Abiram, Romvel* e *Gravelot*[141], não guardam correspondências úteis, seja no hebraico, grego ou árabe. Conforme pregava a antiga teogonia dos magos da Pérsia, a Balança celeste indicava o início do reino das trevas e do mal, quando o Sol passava aos seis palácios inferiores governados por Ariman; neste pórtico nefasto, existem três estrelas que formam um delta: *Zuben-es Chamali*, no oeste; *Zuben-Hak--Rabi*, no leste; e *Zuben-El-Gubi*, no sul[142]. A derradeira situa-se imediatamente abaixo do Trópico de Capricórnio, ou seja, dentro do Reino de Tifão. Aparentemente, os nomes dos três maus companheiros são corrupções dos nomes dessas estrelas que, como os utilizados pelo Rito Escocês Antigo e Aceito, partilham de uma mesma raiz.

Os outros três signos inferiores, Capricórnio, Aquário e Peixes, são representados por três Mestres Maçons, porque é aí que o Sol reverte seu percurso e declínio e volta a subir timidamente. Eles são precisamente, o Respeitabilíssimo Mestre e os dois Vigilantes da Loja em suas tentativas de erguer o cadáver de seu sepulcro, sem sucesso nas duas primeiras tentativas, logrando êxito, porém na terceira e derradeira[143]; o

---

140. Ibidem p. 147.

141. Cf. BOUCHER, Jules, op. cit., s./d. p. 282. Cf. tb. PIKE, Albert, op. cit., 2008, p. 167. Cf. tb. RAGON, Jean-Marie, op. cit., 2010, pp. 44-45.

142. Cf. PIKE, Albert, op. cit., 1871, pp. 488.

143. Cf. RAGON, Jean-Marie, op. cit., 1841, p. 148.

104 | *Da Fórmula dos Deuses Mortos*

que justifica a assertiva de nossos Rituais: "não sabeis que sem mim nada podeis fazer? Uni os vossos esforços aos meus", isto é, a força dos três signos unidos para reverter o declínio do sol e trazê-lo de volta à vida. Depois de sucumbir pelos golpes sofridos, o Sol sofre as agruras da putrefação para só então restaurar a sua glória.[144]

A exaltação do corpo do esquife, precedida pelo fracasso dos Vigilantes, guarda uma outra sutileza. Do movimento aplicado na exaltação, inferimos a alusão a qual nos remete e a profundidade de seu significado. Os antigos manuscritos não tratam do nome do toque empregado na cerimônia de exaltação. A versão mais antiga do terceiro grau limita-se a narrar o movimento: "[...] estendendo a mão direita, colocando o dedo médio no pulso, ajustando o indicador e o anular nos lados do pulso [...]"[145]. A expressão "garra", só aparece no *Les Catechisme des Francs-Maçons*, de Travenol:

> Então ele o toma pelo pulso, aplica seus quatro dedos separados e curvados como uma garra até a articulação do pulso, acima a palma da outra mão, seu polegar e o indicador do candidato [...] segurando-o por esse toque-garra, ele o ordena a [...][146]

A garra de Mestre é o símbolo da elevação máxima do Sol, quando a sua luz e seu poder resplandecem em esplendor. O signo de Leão indicava a cheia do Nilo no Egito e nos Mistérios de Mitra era símbolo de elevada importância, por ser

---

144. RAGON, Jean-Marie, op. cit., 2010, p. 49.

145. Cf. CARR, Harry, op. cit., 2012, p. 163. Cf. tb. PRICHARD, Samuel, Masonry dissected, s./d., p. 21.

146. TRAVENOL, Louis, op. cit., 1744, pp. 44-45. Cf. tb. CARR, Harry, op. cit., 2012, p. 164.

neste signo que ocorria o solstício de verão[147]. É também um emblema da ascensão e da imortalidade da alma, só acessíveis pela intuição que a fé proporciona e a direção que a consciência orienta. Seu último fundamento reside na celebração do antigo solstício de verão, atualmente celebrado sob o signo de Gêmeos, mas originalmente, quando esses mistérios se estabeleceram, sob o signo de Leão. O Mestre que se exalta do ataúde do sepulcro pútrido do Arquiteto é o Sol atraído para sua extrema exaltação pela poderosa atração do Leão celeste.[148]

Os desprezíveis companheiros assinalaram o local do sepulcro improvisado do Grão-Mestre com um ramo de acácia. Esse ato simbólico possui estreitas raízes esotéricas. Nas fábulas da antiguidade, a árvore desempenhava papel de primeira importância no desenrolar dos Mistérios, a árvore do bem e do mal, emblema da passagem das trevas à luz, ou do inverno ao verão.

A árvore representava o ano e seu percurso pelas estações agradáveis e fecundas, que indicam o conhecimento dos princípios da luz e do bem. O mal, em sentido diametralmente oposto, era representado pelo rigor do inverno, o princípio das trevas.

---
147. Cf. RAGON, Jean-Marie, op. cit., 1841, p. 213 e p. 112.
148. Cf. PIKE, Albert, op. cit., 1871, p. 488. Cf. tb. PIKE, Albert, op. cit., 2008, p.184.

Após a morte de Osíris, surgiu sobre seu corpo um ramo de erica, que anunciou, segundo nos contou Plutarco, a vitória da luz sobre as trevas e da vida sob a morte; Osíris ressuscitado é a expressão de um dos princípios cardeais da teologia dos antigos: o percurso cíclico entre a vida e a morte. A acácia não diverge da origem dos demais elementos que integram a fábula do terceiro grau. Hiram, o deus Sol, assassinado pelos signos austrais, recebe o último golpe do Centauro celestial, junto a quem os antigos fizeram gravar, entre suas pernas, uma grinalda verde, representando a Corona Australis, assinalando o local onde o Sol fora assassinado.

A acácia, utilizada para assinalar o sepulcro de Hiram, é a mesma Coroa que fica aos pés do Centauro celeste; é aquela árvore sagrada que foi reverenciada entre os árabes antigos, especialmente pela tribo de Ghalfan. O ídolo árabe, Al-Uz-za, foi talhado em madeira, donde, muitos creem, surgiu a aclamação, indício de júbilo e satisfação.[149]

O Sol, no último mês do ano, dirige-se ao ocidente, como Hiram, que para sair do Templo, dirige-se ao portão oeste e emerge no hemisfério: Órion, ao leste, com o braço erguido armado de uma clava; Sagitário, munido de seu arco, no qual entesa sua flecha, em direção ao Rei da Luz; e Perseu, ao norte, simulando seu embate com a Medusa, dá a impressão de dirigir os seus golpes à estrela do dia. Golpeado pelos três algozes, o Sol sofre um declínio tão drástico rumo ao hemisfério sul, que se assemelha a um corpo que despenca sobre o chão.[150]

---

149. Cf. RAGON, Jean-Marie, op. cit., 1841, p. 149-152. Cf. tb. RAGON, Jean-Marie, op. cit., 2010, p. 69.

150. Cf. RAGON, Jean-Marie, op. cit., 1841, p. 162. Cf. tb. RAGON, Jean-Marie, op. cit., 2010, pp. 55-56.

Jubel fere Hiram com uma régua de 24 polegadas, emblema das 24 horas do dia e da revolução diária, primeira distribuição do tempo, que depois da exaltação do Sol, atenta debilmente contra sua força, acertando-lhe na garganta e originando o sinal gutural.

Jubela faz uso de um esquadro de ferro, que, unido a outro, forma a cruz que divide as quatro estações e os solstícios e equinócios.

Jubelum, o pior dos três, fere mortalmente o mestre com um malhete, cuja forma cilíndrica simboliza a conclusão do ano e o fim da revolução solar.[151]

Os penúltimos deuteragonistas da lenda são os doze Maçons[152] que buscam os assassinos do desditoso Mestre. Muito antes do nosso tempo, o equinócio vernal acontecia na entrada do Sol no signo de Touro; lá, a estrela do dia era encontrada e renascia; assistiam a esse evento, ao lado do Sol, doze estrelas ou doze Maçons, cinco localizadas na constelação de Híades e sete nas Plêiades.[153]

Finalmente, ao observarmos as constelações de Perseu, Órion e Faetonte, encontramos os nove Mestres que buscaram o esconderijo do corpo do Mestre Arquiteto. As constelações que se avizinham às já mencionadas caminham no encalço da estrela do dia até que ela reapareça no oriente, ao norte: Cepheus, Hércules e Boötes. Ao leste: Sagitário, o Ofiuco e

---

151. Cf. RAGON, Jean-Marie, op. cit., 2010, pp. 57-58.

152. Nas antigas narrativas da cerimônia de Exaltação não havia referência à busca dos doze Companheiros, apenas a empreendida pelos nove Mestres (Cf. TRAVENOL, Louis, op. cit., 1744, pp. 44-45).

153. Cf. PIKE, Albert, op. cit., 1871, p. 489.

108 | *Da Fórmula dos Deuses Mortos*

Escorpião, concluindo as correspondências astronômicas do terceiro grau.

Os Maçons são filhos da viúva porque a natureza, na entrada da Balança celeste, perde seu esposo, o Sol, vítima do inverno, que passa a reinar sob os signos inferiores, provando definitivamente as raízes solares da fábula do terceiro grau. Hiram Abif é apenas uma variação dos muitos mitos solares que existem. Seu significado, contudo, não está restrito a meros eventos astronômicos, mas sim aos significados que eles encerram.

Nossos IIr∴ da Primeira Grande Loja reagiram à publicação dos nossos Rituais, alterando-os. Na versão original, apenas constavam alguns dos elementos que reputamos essenciais à sacralidade da Cerimônia do terceiro grau, como sejam: o nome do Arquiteto, o enterro provisório sob o ramo de acácia, o definitivo no *Sanctum Sanctorum* – atualmente removido dos nossos Rituais. Os elementos astronômicos foram acrescentados, em muitos casos, posteriormente: o nome dos assassinos, enquanto chamados por Jubel, Jubelo e Jubelum só aparecem depois de 1760, no Ritual de *Ecossais Anglois* e no *Three Distinct Knocks*[154]; os instrumentos, que relacionamos a astronomia a partir de Ragon, não aparecem na primeira versão dos Rituais, os assassinos de Hiram cometem seu crime com pedaços de pau; bem como a alternância pela passagem de Hiram nas vésperas de sua morte, modernamente entrando pelo norte passando pelo sul, o ocidente e o oriente, mas originalmente, entrando pelo ocidente passando

---

154. Cf. SNOEK, Joannes A.M., op. cit., 2003, p. 28.

pelo sul e dele para o setentrião e de lá para o oriente[155]; foram quinze os IIr∴ que buscaram o corpo de Hiram[156], não doze ou nove, como atualmente se pratica; só para citarmos exemplos notáveis.

Somente nos Rituais de Mestre Maçom do Rito Escocês Antigo e Aceito de 1829, é que a Lenda do terceiro grau se transforma claramente em um rito solar; é dito, entre outras coisas, que com a morte de Hiram o mundo mergulha na "mais espessa escuridão" e, quando da exaltação do recipiendário, o Respeitabilíssimo Mestre diz: "Deus seja louvado! O Mestre foi encontrado e ressurge mais radiante do que nunca".[157]

Tudo isso indica que a *Unio Mystica*, após a corrupção dos primeiros Rituais, foi reestabelecida por novos elementos que corroborassem com a condição divina do Mestre Arquiteto. Provavelmente foi a influência das obras de Dupuis e Volney, que advogavam pela origem comum de todas as religiões, muito em voga naquela época, que fez com que os franceses operassem esta reforma nos Rituais.

Fato é que, a Lenda de Hiram sempre pretendeu ser uma iniciação mística, em princípio, pelo seu sepultamento no *Sanctum Sanctorum* e, posteriormente, pela sua identificação com os antigos ritos solares, no grau de Mestre do Rito Escocês Antigo e Aceito. As adições aos Rituais originais do terceiro grau não foram, portanto, arbitrárias, mas a

---

155. Cf. TRAVENOL, Louis, op. cit., 1744, p. 30.

156. Cf. PRICHARD, Samuel, op. cit., s./d., p. 20.

157. SIMON, Jacques, REAA: rituel des trois premiers degrés selon les anciens cahiers 5829, 2010, pp. 45-46.

110 | *Da Fórmula dos Deuses Mortos*

Painel Francês do Grau de Mestre Maçom
(João Guilerme da Cruz Ribeiro)

Abóbada Celeste do Templo do Rito Escocês Antigo e Aceito.
(João Guilerme da Cruz Ribeiro)

112 | *Da Fórmula dos Deuses Mortos*

expressão da inteligência e da vontade dos antigos Maçons em preservar a espiritualidade do seu ofício, em oposição aos equívocos que lhes foram impostos. O poder que a vara de Asar encerra no túmulo, ascendendo da fagulha à luz, é também a síntese da queda e da exaltação do Mestre no ataúde da Câmara do Meio.

A obliteração da lição em detrimento à forma é um vício constante no caminho das altas ciências. Apesar da vantagem da ideia de corpo, que a Mecânica possui em detrimento da Cinemática, aquela não pode fixar-se tão somente nessa ideia, sob pena de prostrar suas conclusões. Dupuis cometeu este erro quando viu na fonte universal dos cultos apenas seus glifos, mas não sua essência, conforme nos disse Eliphas Levi:

> Dois ilustres sábios me precederam pela via onde caminho, mas passaram, por assim dizer, a noite em branco e, por conseguinte, às escuras. Refiro-me a Volney e Dupuis, e a este último especialmente, cuja imensa erudição foi capaz de gerar tão-somente uma obra negativa. Na origem de todos os cultos viu apenas astronomia, tomando assim o céu simbólico pelo dogma e o calendário pela lenda. Um único conhecimento lhe faltou, o da verdadeira magia, que encerra os segredos da cabala. Dupuis passou pelos antigos santuários como o profeta Ezequiel pela planície coberta de ossadas e percebeu somente a morte por desconhecer a palavra que reúne a virtude dos quatro ventos do céu e que pode produzir um povo vivo a partir de todas essas ossadas, gritando ante os antigos símbolos: Levantai! Revesti uma nova forma e caminhai.[158]

---

158. LEVI, Eliphas, Dogma e ritual da alta magia, 2006, pp. 61-62.

O Sol físico, benfeitor do nosso mundo, ao nos presentear todas as manhãs com seu calor e sua luz, foi utilizado pelos magos e alquimistas da antiguidade para representar o *lapis philosophorum*, o instrumento de produção do ouro filosófico, junto ao mercúrio e ao enxofre. Pela sua atuação, os seis planetas comuns se transformariam no Sol, ou os seis metais comuns em ouro.[159]

O homem é o reflexo do universo em menor escala. A analogia entre eles revela a verdadeira sabedoria da antiguidade, porque Deus serve-se do Seu manto para indicar o caminho de regresso do nosso exílio, por isso a revolução da iniciação está desenhada no Céu, por isso também a sabedoria pariu muitos rebentos gêmeos, todos hieróglifos do Sol, todos adorados pelos povos na esperança da redenção de si mesmos.

Nosso amado Mestre não é outro, senão o Sol, em Astronomia. Ele, de fato, é o deus que abre o dia e afasta as trevas e a morte, mas é também o redentor e reconciliador com o Inefável, porque todas as transmutações são efeitos a que ele dá causa.

O poder conceptivo de Ísis serve de apoio e resistência à força destrutiva da serpente da noite, e ambos só encontram sua síntese no triunfo de Osíris; duas forças que se enfrentam para se unir em uma forma superior e final. O magnetismo que repele e atrai, os polos que se equilibram com o contraste, a dialética, o Sol que morre e ressuscita, são todas expressões da Fórmula do antigo deus moribundo, oculto sob o nome de I∴A∴Ω∴.

---

159. Ibidem, p. 186.

114 | *Da Fórmula dos Deuses Mortos*

A Maçonaria serviu-se dos mesmos instrumentos que as antigas teologias para transmitir aos seus adeptos as grandes verdades sobre nossa essência. No percurso, há o perigo de sermos seduzidos pelas lições rudimentares e ilógicas que são oferecidas aos mais simples, como também, o de cair no abismo do equívoco ao acreditar que, conhecendo os fundamentos que embasam as cerimônias, o caminho foi trilhado. O embate travado por Hiram e os maus companheiros, por Osíris e Tifão ou por Ormuz e Ariman, são todos símbolos, baseados na própria natureza e, por isso mesmo, perfeitos, e sua real importância reside nas elevadas lições que podemos extrair deles. Entre o homem Celeste e o material existe uma filiação inegável; ambos estão sujeitos ao mesmo destino e sob as mesmas circunstâncias, muito embora a conjuntura geral faça crer que distem vertiginosamente um do outro. A compreensão das chaves e da mecânica universal é também a do nosso próprio percurso rumo à unidade.

COMPLETUM EST QUOD DIXI DE OPERATIONE SOLIS.

Bibliografia

ANÔNIMO. Jachin and boaz: or an authentic key to the door of free-masonry. Londres: W. Nicoll, at n. 51, St. Paul's Church-Yard, 1776.

____. Le sceau rompu ou la loge, ouverte aux profânes par un franc-maçon. 1745.

BAUER, Alain. O nascimento da franco-maçonaria: Isaac Newton e os newtonianos. São Paulo: Madras, 2008.

BATISTA SEGUNDO, João Florindo; AMORIM, José Carlos de Abreu. História e imaginário da lenda de Hiram. Publicado na Revista "Diversidade Religiosa", ano III, n. 2. João Pessoa: UFCG, 2013 (ISSN: 2317-0476).

BLAVASTKY, Helena Petrovna. Les origenes du rituel dans l'église et dans la maçonnerie. Paris: Editions Adyar, s./d.

BOUCHER, Jules. A simbólica maçônica ou a arte real reeditada e corrigida de acordo com as regras da simbólica esotérica e tradicional. São Paulo: Pensamento, s./d.

CALLAEY, Eduardo R. La masonería y sus orígenes cristianos: el esoterismo masónico en los antiguos documentos benedictinos. Buenos Aires: Kier, 2006.

CARR, Harry. O ofício do maçom: o guia definitivo para o trabalho maçônico. São Paulo: Madras, 2012.

CHEVALIER, Jean; GHEERBRANT, Alain. Diccionario de los símbolos. Barcelona: Editorial Herder, 1986.

CIRLOT, Juan-Eduardo. Diccionario de símbolos. Barcelona: Editorial Labor, S.A., 1992.

COSTA, Wagner Veneziani. Maçonaria – escola de mistérios: a antiga tradição e seus símbolos. São Paulo: Madras Editora, 2006.

CROWLEY, Aleister. Liber 777 vel prolegomena symbolica ad systemam seceptico-miysticae viae explicandae fundamentum hieroglyphicum sanctissimorum scientae summae. New York: Red Wheel/Weiser, 1986.

_____. Sepher sephiroth. Barcelona: Editorial Humanitas, 2000.

DE HOYOS, Arturo. Following our puissant Pike. Em: "Scottish Rite Journal" September/October 2016. Washington: Supreme Council, 33º, Ancient and Accepted Scottish Rite of Freemasonry, Southern Jurisdiction, USA, 2016.

_____. Masonic formulas and rituals transcribed by Albert Pike in 1854 and 1855. Washington, D.C.: The Scottish Rite Research Society, 2010a.

_____. Symbolism of the blue degrees of freemasonry: Albert Pike's "Esoterika". 2. ed. Washington: The Scottish Rite Rite Research Society, 2008.

_____. The mystery of the royal arch word. Em: "Freemasonry in context: history, ritual, controversy". New York: Lexington Books, 2003.

_____. The scottish rite ritual monitor and guide. 3. ed. Washington: The Supreme Council, 33º, Southern Jurisdiction, 2010b.

DUPUIS, Charles François. A fábula feita sobre o sol, adorado com o nome de cristo. Em COSTA, Wagner Veneziani. Maçonaria – escola de mistérios: a antiga tradição e seus símbolos. São Paulo: Madras, 2006.

_____. Compendio del origen de todos los cultos. Bordeus: Imprenta de Don Pedro Beaume, 1821.

ESHELMAN, James A. The mystical & magical system of the A∴A∴: the espiritual system of Aleister Crowley & George Cecil Jones step-by-step. Los Angeles: The College of Thelema, 2000.

GRANDE LOJA MAÇÔNICA DO ESTADO DA PARAÍBA. Ritual do mestre-maçom. Paraíba: Grande Loja Maçônica do Estado da Paraíba, 2005.

GRANDE ORIENTE DO BRASIL. Ritual do 1º grau: aprendiz maçom do rito escocês antigo e aceito. Brasília: Grande Oriente do Brasil, 2009a.

_____. Ritual do 2º grau: companheiro maçom do rito escocês antigo e aceito. Brasília: Grande Oriente do Brasil, 2009b.

_____. Ritual do 3º grau: mestre maçom do rito escocês antigo e aceito. Brasília: Grande Oriente do Brasil, 2009c.

GUILMOT, Max. O processo iniciático no Egito antigo. Curitiba: Ordem Rosacruz – AMORC – Grande Loja da Jurisdição e Língua Portuguesa, 1987.

HALL, Manly P. As chaves perdidas da maçonaria: o segredo de Hiram Abiff. São Paulo: Madras, 2006.

HANEGRAAFF, Wonter J. Disctionary of gnosis & western esotericism. Boston: Brill, 2006.

L'AULNAYE, François-Henri-Stanislas de. Thuileur des trente-trois degrés de l'ecossisme du rit ancien, dit accepté. Paris: Delaunay, 1813.

LEVI, Eliphas. Dogma e ritual da alta magia. 7. ed. São Paulo: Madras, 2006.

LOMAS, Robert. O poder secreto dos símbolos maçônicos. São Paulo: Madras, 2014.

MACKEY, Albert G. A new and revised edition an encyclopedia of freemasonry and its kindred sciences, Volume I. New York and London: The Masonic History Company, 1914a.

_____. A new and revised edition an encyclopedia of freemasonry and its kindred sciences, Volume II. New York and London: The Masonic History Company, 1914b.

MACRÓBIO. Comentario al "sueño de Escipión" de Cicerón. Madrid: Gredos, 2006.

MATHERS, Samuel Liddell MacGregor. Introdução à obra a kabbalah revelada de Knorr Von Rosenroth. São Paulo: Madras, 2009.

MAXENCE, Jean-Luc. Jung é a aurora da maçonaria: o pensamento junguiano na ordem maçônica. São Paulo, Madras, 2010.

PERAU, Abbé Gabriel Louis Calabre. Le secret des francs-maçons. Sem Editora: 1778.

PHILIP, Neil. Mitos e lendas em detalhes. São Paulo: Publifolha, 2010.

PIKE, Albert. O pórtico e a câmara do meio: o livro da loja. São Paulo: Landmark, 2008.

_____. Moral and dogma of the ancient and accepted scottish rite of freemasonry. Charleston: L.H. Jenkins, 1871.

PLUTARCO. Obra morales y de costumbres (moralia) VI – Isis y Osiris – Diálogos Píticos. Madrid: Gredos, 1995.

PRICHARD, Samuel. Masonry dissected: being an universal and genuine description of all its branches, from the original to the present time: as it is delivered in the constituted regular lodges. 20. ed. Londres: Charles Corbett, Stock-Brocker, s./d.

RAGON, Jean-Marie. Cours philosophique et interprétatif des initiations anciennes et modernes. Paris: Berlandier, 1841.

____. Ritual del grado maestro. Santa Cruz de Tenerife: Ediciones Idea, 2010.

REGARDIE, Israel. A golden dawn: a aurora dourada. São Paulo: Madras, 2008.

SIMON, Jacques. REAA: ritual des trois premiers degrés selon les anciens cahiers 5829. La Hutte: Paris, 2010.

SNOEK, Joannes A.M. On the creation of masonic degrees: a method and its fruits. Em Gnostica 2: western esotericism and the science of religion. Peeters: Mexico City, 1998.

____. The evolution of the hiramic legend in England and France. Em Heredom, Vol. 11. Washington: The Supreme Council, 33º, Southern Jurisdiction, 2003.

SOUSA, Ailton Elisiário de. Maçonaria hiramita. Londrina: A Trolha, 1997.

TRAVENOL, Louis. Catechisme des francs-maçons: précédé d'un abrégé de l'histoire d'adoniram, architecte du temple de salomon, & d'une explication des cérémonies qui s'observent à la reception des maîtres; le signe, le mot & l'attouchement, qui les distinguent d'avec les apprentifs compagnons. Paris: Mortier, 1744.

TSÉ, Lao. Tao te king. 2. ed. São Paulo: Attar, 1995.

URBANO JÚNIOR, Helvécio de Resende. Maçonaria: simbologia e kabbala. São Paulo: Madras, 2010.

____. Manual mágico de kabbala prática. São Paulo: Madras, 2011.

____. Templo maçônico: dentro da tradição kabbalística. São Paulo: Madras, 2012.

WESTCOTT, William Wynn. Uma introdução ao estudo da cabala. São Paulo: Madras, 2003.

W-O-V-n. The three distinct knocks, or the door of the most ancient free-masonry, opening to all men. 7. ed. London: H. Serjeant, s./d.

Dicas de Leitura

www.editoraisis.com.br

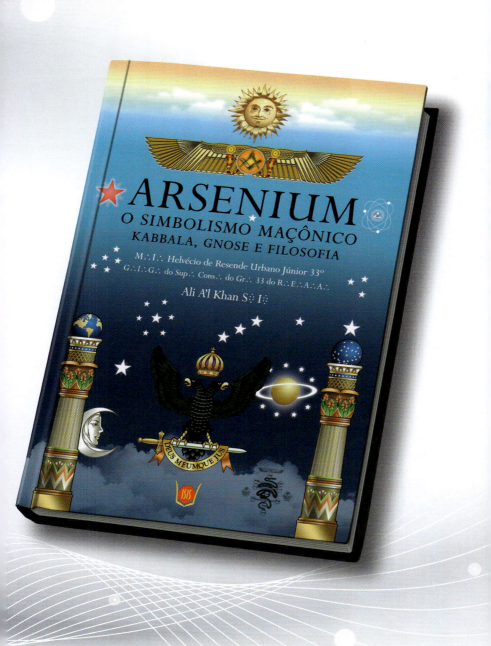

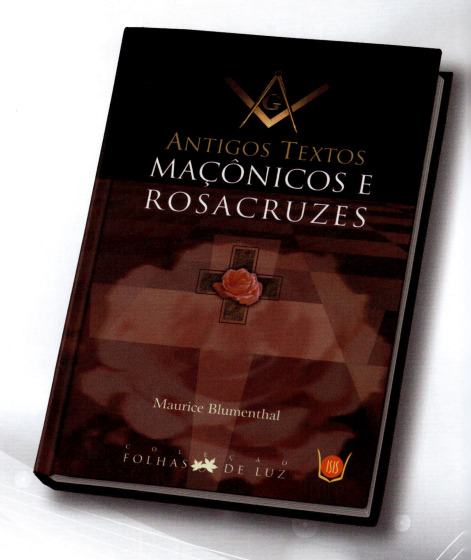

Krumm Heller

A PRÁTICA DO
SILÊNCIO

Curso de Metafísica Prática

Aula Lucis Central
(Aula central da luz)

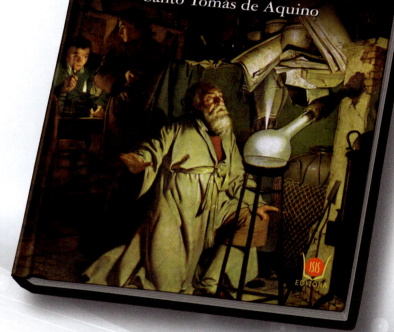

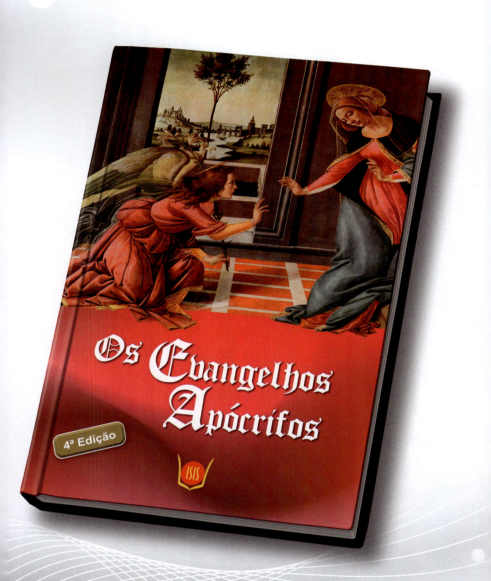

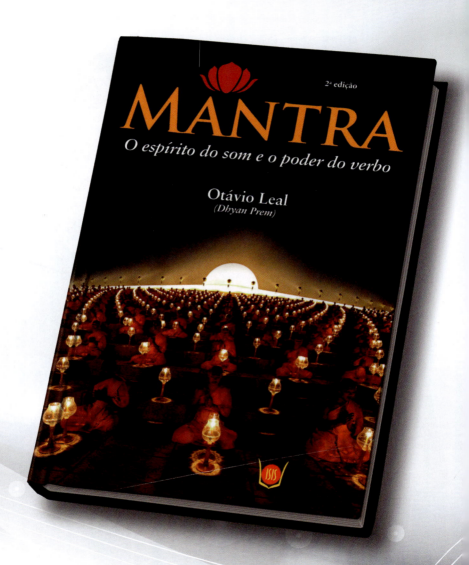

M∴I∴ Helvécio de Resende Urbano Júnior 33°
G∴I∴G∴ do Sup∴ Cons∴ do Gr∴ 33 do R∴E∴A∴A∴
Ali A`l Khan S∴I∴

SECRETUM

MANUAL PRÁTICO DE KABBALA TEÚRGICA

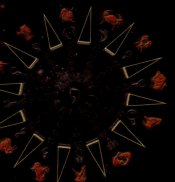

Kabbala & Teurgia

Clavis Secretorum
Religião e Filosofia Oculta

ENSINAMENTOS DA ANTIGA FRATERNIDADE ROSA-CRUZ

ARNOLD KRUMM-HELLER